Anstöße

Anstöße

Paul M. Zulehner

Aufatmen
Eine Ermutigung für Geschiedene

Schwabenverlag

ISBN 3-7966-0676-8

Inhalt

I. Vorwort

Angenommen, eine geschiedene Frau heiratet – aus vielfältigen Gründen und nach reiflicher Überlegung – wieder. Sie entscheidet sich dafür, obwohl ihr dies ihre eigene katholische Kirche nicht raten oder gar gutheißen kann. Sie meint aber, nicht anders zu können. Sie nimmt dabei womöglich in Kauf, daß ihr eben diese Kirche, an der sie um Gottes willen von Kindesbeinen an hängt, den Arbeitsplatz wegnimmt. Und dann erlebt sie mit voller Schärfe die heimlichen und unheimlichen Diskriminierungen, die einem solchen Kirchenmitglied nicht nur hinsichtlich des Empfangs des Bußsakraments und deshalb auch der Eucharistie, sondern auch im kleinen Kirchenalltag zukommen. Am liebsten wäre es der Kirche, so fühlt sie, würde sie aus ihrer Öffentlichkeit verschwinden. Und viele betroffene wiederverheiratete Geschiedene verstecken sich auch gleich vorbeugend, damit ihnen ein solches Geschick nicht auch noch zugefügt werden kann.

Angenommen, eine solche Frau nimmt all ihren Kirchenmut zusammen und verfaßt für Verantwortliche ihrer Kirche eine Studie über »Wiederverheiratet in der Kirche« und beschreibt darin mit weiblich-genauer Sprache, wie es ihr geht und wie sie sich in der Kirche, an der sie hängt, erlebt. Sie schickt dieses Plädoyer an Bischöfe, Generalvikare, Moraltheologen. Welche Antworten würde sie erhalten?

1. Vorfindbare Lösungswege

Ich stelle mir die Antworten in drei Richtungen vor:

(a) Die Höflich-Ratlosen

Da wären zunächst die höflich-ratlosen Antworten, die entweder hinhalten, hinauszögern, oder aber zur Sache nichts sagen. Das könnte sich dann so anhören:
»Liebe Frau, Ihre Ausführungen habe ich mit Interesse gelesen. Sie machen mich nachdenklich. Ich danke Ihnen auch, daß ich Ihre Sicht zu den Problemen der geschiedenen und wiederverheirateten aktiven Christen damit erfahren konnte.
Ich muß Sie freilich bitten, für eine eingehende Antwort meinerseits noch etwas Geduld aufzubringen, da das Studium Ihres Textes und die Gewichtigkeit der Sache eine gute Zeit und Überlegung brauchen. Auch Sie selbst haben sich ja große Mühe mit ihrem Plädoyer für › Wiederverheiratete in der Kirche‹ gemacht.
Ich möchte Ihnen schon im voraus herzlich danken für Ihre Mitsorge bei den großen schwierigen Problemen der Seelsorge von heute.
Mit besten Segensgrüßen, Ihr . . .«

Vielleicht stünden in anderen Briefen noch bewährte Vertröstungsformeln von Ratlosen wie:
»Ich bestätige Ihnen den Empfang Ihres Briefes mit der Beilage Ihrer Studie über die › Wiederverheirateten‹, die ich mit Interesse gelesen habe und nun weitergebe an unser Diözesanzentrum für Ehe und Familie, das sich auch seit Jahren mit dem Anliegen verantwortungsbewußt beschäftigt.«
Neben dem Abschieben auf Institutionen läßt sich die Frage auch verwissenschaftlichen. Das kann sich so lesen:
»Die Fragen, die Sie aufwerfen, sind äußerst schwerwiegend. Mehr noch. Mir scheint, die möglichen Antworten

*reichen in eine Dimension des Menschen und der Welt
des Heiligen, die wir eigentlich nicht mehr echt ausloten
können. Auch des Heiligen – denn was ist Ehe? Was ist Eucharistie? Wie sind die beiden aufeinander bezogen?
Wieso können uns die Gebote Gottes manchmal in Situationen bringen, die im übertragenen oder wörtlichen Sinn
›tödlich‹ sind? Geheimnisvoll und manchmal nur im
Glauben annehmbar.
Ich kann Ihnen unmöglich eine gerechte Antwort auf alle
Fragen geben, die Sie aufwerfen. Im Augenblick kann ich
Ihnen nur versprechen: Ich werde Ihr Memorandum sorg-
fältig aufheben und bedenken. Vielleicht gelingt es mir,
irgendwann einmal eine Arbeit zu dem Thema zu schreiben. Wie es in der Kirche damit weitergehen wird, weiß
ich nicht. Aber wir sollten daran glauben, daß Christus
uns auch in diesen Nöten begleitet.«*
Ob die heute davon Betroffenen mit einem solchen Auf-
schub leben können?

(b) Die Gesetzestreuen

Eine zweite Gruppe von Verantwortlichen fände andere
Worte. Sie würde auf das, was gilt, verweisen. Gewiß würden einige Passagen gelernter Empathie vorangestellt,
etwa so:
*»Liebe Frau NN., Ihren Brief betreffend ›Wiederverheira-
tete in der Kirche‹ habe ich erhalten. Ich danke Ihnen für
Ihre Anteilnahme und Ihre Bereitschaft zu helfen. Ihre
ausführliche Studie, die Sie ja auch anderen Adressaten
zugesendet haben, habe ich mit Interesse gelesen. Die psychologische Situation so mancher Frauen haben Sie sehr
gut dargestellt, und Sie haben sicher auch recht, wenn Sie
meinen, daß dies oft zu wenig gesehen und berücksichtigt
wird.
Andererseits trifft das von Ihnen Gesagte sicher nicht auf
jeden Fall zu. Es gibt ja nicht wenige Ehen, die leichtfertig
und aus reinem Egoismus geschieden werden. Die Kirche*

hat aber die Aufgabe, im Namen und Auftrag Gottes auf die Unauflöslichkeit der Ehe, die ja dem Wesen menschlicher Liebe entspricht und zum Schutz des einzelnen und zur Sicherung seines Glücks gegeben ist, hinzuweisen und dafür einzutreten.

Für eine solche dem Menschen und der Ehe dienende pastorale Vorgangsweise sind wir als Christen primär auf dieses Wort Christi verwiesen. Danach hat sich die rechte Einordnung unserer Bedürfnisse auszurichten. Dieses Wort Jesu setzt gewisse Grenzen, gibt andererseits Hoffnung.

Was die Umsetzung des Wortes Jesu auf die Situation der Geschiedenen und Wiederverheirateten betrifft, ist dies prägnant in ›Familiaris Consortio‹ Nr.84 ausgesprochen. Davon ist in der Pastoral auszugehen, auf dieser Grundlage sind die Überlegungen und Vorgangsweisen zu wählen.

Mir freundlichem Dank für Ihre Ausführungen ...«

Hier wird das Problem mit klaren Weisungen gelöst. Komplexen Lebenslagen steht eine erstaunlich sichere Beurteilung sowie eine klare Handlungsaufforderung gegenüber. Unbetroffene wissen, was Betroffene zu tun haben.

(c) Die Mutig-Einfühlsamen

Eine dritte Gruppe von Verantwortlichen würde erkennen, daß keine einfache und generelle Lösung einer Einzelgeschichte gerecht werden kann.

»Es gibt immer wieder Situationen, die sich nicht mit einfachen Rezepten oder gar durch Nachgeben lösen lassen. Ich bitte Sie, durch Ihr Gebet mitzuhelfen, daß wir alle immer klarer den Willen Gottes erkennen und bereit sind, ihn zu erfüllen.«

Auf dem Boden einer solchen gemeinsame Suche nach dem je konkreten Willen Gottes für einzelnen Frauen und Männer könnte dann ein Verantwortlicher folgenden Brief verfaßt haben:

»*Liebe Frau NN.,*
*Ihre Studie ›Wiederverheiratete in der Kirche‹ habe ich
gelesen. Ich empfinde sehr wohl, daß Sie die Nöte der
Menschen sehen und ich danke Ihnen für Ihre ausführ-
lichen Darlegungen.*
Zwei Punkte möchte ich Ihnen darstellen:
*1. Wir werden auch in unserer Zeit mit dem ›Kreuz‹ leben
müssen, daß Recht und Leben, Recht und Gnade sich oftmals ›kreuzen‹ und ›kreuzigen‹.*
*2. Dieser Punkt scheint mir in aller Diskussion wichtig:
Die eigentliche Instanz, die Gott dem Menschen ins Herz
gelegt hat, und nach der er allein ›richtet‹, ist das Gewissen. Ich weiß schon, daß viele sagen: Das Gewissen muß
auch von Gottes Wort ›geformt‹ werden; das Gewissen
muß auch ›gebildet‹ werden – das stimmt und das müssen
wir sehr ernst bedenken – und DENNOCH: Das Gewissen
allein – oder die eigentliche Motivation allein – weshalb
wir etwas tun, weshalb wir etwas so tun, ist vor Gott maß-
gebend.*
*Somit werden Sie verstehen, daß es wesentlich ist, den
Menschen in ihren Nöten ›Gewissens-bildend‹ zu Hilfe
zu kommen, denn dann gehen sie den Weg, den Gott ihnen vorzeichnen möchte.*
*Von Maria lesen wir: Sie bewahrte alles im Herzen und
überdachte es. Der barmherzige Gott mache uns selbst fähig dazu und ebenso die, die mit uns gehen – IHM entgegen.*
Mit ganz herzlichen Grüßen verbleibe ich Ihr . . .«

Solche Texte – sie wurden von Bischöfen und Generalvi-
karen in den Monaten April und Mai 1989 tatsächlich geschrieben – zeigen, wie vielfältig eine Ortskirche in ihren
Spitzenverantwortlichen auf ein gewichtiges pastorales
Problem reagieren kann. Für manche muß die Spannung
unerträglich sein, ein (vermeintlich strenges und lücken-
loses) Gesetz vertreten zu müssen und zugleich den konkreten Menschen und ihren Scheidungsgeschichten ge-

recht zu werden. Die Versuchung ist verständlich, sich auf die eine oder andere Seite zu schlagen und den Konflikt so kleiner zu machen. Dann wird der eine ein kalter Gesetzesvertreter, ein anderer einer, der sich auf die Seite der Betroffenen schlägt und einfühlsam mit ihnen ausschaut, wie trotz des Gesetzes, vielleicht auch an diesem behutsam vorbei, eine verantwortliche Einzellösung gefunden werden kann. Ich kann verstehen, daß die Betroffenen um diese letzte Gruppe sehr froh sind. Sind sie doch wie Kundschafter aus der Wüste hinein in ein noch unerreichtes Zukunftsland.

2. Ein Trostbuch

Wie immer eine verantwortliche Pastoral aussieht: In diesem kleinen Büchlein geht es darum, niedergedrückten und von Scheidungsleid beladenen Frauen und Männern Quellen für Mut und Kraft zu erschließen. Dieses Buch soll eine »Ermutigung für Geschiedene« sein. Das Studium von Scheidungsgeschichten hat uns gezeigt, daß es sich (auch) jene Personen, die fest an die Kirche gebunden sind und an ihrem Leben auch teilnehmen, mit ihrer Scheidung nicht leicht gemacht haben. Zudem schafft eine Scheidung – neben all den Chancen, die das Leid in sich birgt – für viele ein so schweres seelisches Leid, daß sie nur schwer überleben können. Wir haben sehr viele Niedergedrückte, Depressive gefunden. Es überrascht uns nicht mehr, daß in Selbstmordstatistiken die Scheidung zu den wichtigsten Motiven zählt.

»Der Herr möge eine Zeit des Aufatmens kommen lassen«, so heißt es in der Pfingstpredigt des ersten Papstes der katholischen Kirche (Apg 3,20). Das ist der Grund, warum diese Studie gemacht wurde, und wir ihre Ergebnisse veröffentlichen. Deshalb trägt dieses Buch auch den einfachen biblischen Titel: »Aufatmen.« Uns geht es um eine kirchliche Gefährtenschaft mit Niedergedrückten,

damit sie das Haupt erheben lernen (Lk 21,28). Wir möchten ihnen das konkrete Gefühl geben, daß sie sich bei uns
in der Kirche sehen lassen können vor jeder Leistung und
trotz aller Schuld, und das deshalb, weil für uns die Kirche
nichts anderes ist als ein Lebensraum, in dem Gott tonangebend ist. Und gerade jene, die es schwer hatten, konnten
mit Jesus kommunizieren. Die religiösen Führer seiner
Zeit hatten diese zwar exkommuniziert, hinausgesteinigt
aus dem Volk. Jesus hat aber die Stadt verlassen, ging »extra muros«, um bei den Exkommunizierten zu sein.
Uns bewegt die Hoffnung, daß diese Studie und ihre pastoralen Anteile auch eine Ermutigung für Geschiedene
sein kann. Wie in einem Spiegel werden sie ihre eigene Geschichte in den Geschichten ihrer betroffenen Brüder und
Schwestern wiedererkennen. Sie werden auch ausmachen
können, welchen Weg sie – vor Gott verantwortlich – weitergehen können. Dann werden sie verstehen, warum Paulus unseren Gott einen »Gott allen Trostes« (2 Kor 1,3)
nennt. Kein billiger Trost, schon gar nicht eine Vertröstung im Namen der Kirche wird stattfinden. Ob wir unsere Absicht einlösen konnten, müssen Betroffene sagen.
Jedenfalls wollten wir ein Trostbuch, ein Buch begründeten Trostes, schreiben.

3. Gespräche mit Betroffenen

»Wir«, das sind Studentinnen und Studenten, die an einem dreisemestrigen Forschungsseminar zwischen dem
Sommersemester 1988 und 1989 am Institut für Pastoraltheologie an der Universität Wien unter meiner Leitung
teilgenommen haben. Am ersten Teil des Seminars, in dem
es um die dreiundvierzig Tiefeninterviews gegangen war,
waren beteiligt: 43 Frauen und Männer, mit denen die Studenten: Paul Ablasser, Robert Brunbauer, Stephan Dinges,
Stephan Dober, Ute Gartner, Gerhard Reisner, Andrea

Slama, Josef Welkhammer OCD, die Tiefeninterviews durchführten.
Dem Arbeitsteam, das schließlich den vorliegenden Text verfaßt hat, gehörten neben mir an: Dr.Robert Brunbauer, Mag.Stephan Dinges, Ass.Mag.Ewald Huscava und Andrea Slama, die mit mir die Schlußredaktion gemacht hat.

Wien, September 1989   Paul M. Zulehner

II. Leben in Ambivalenz: Ja – aber . . .

Von Inge Moser und Irene Heise

1. Erfahrungen aus unserer Nähe

A ngst
M oral
B indung
I ndividuum
V ersöhnung
A usgrenzung
L ust und Last
E wig
N ie
Z wiespalt

(a) Eine Frau erzählt

»JA, als wiederverheiratete Geschiedene habe ich in meiner Basisgemeinde Aufnahme und Halt gefunden. Es wurde über meine Situation gesprochen, Vergangenes geklärt, aber das tägliche Leben mit Christus als wesentlich erkannt. Ich darf ohne Ärgernis zu erregen auch an den Sakramenten teilnehmen. Ich bin integriert in einer Gebetsrunde, Familienrunde, in Kinderbetreuung und Öffentlichkeitsarbeit. Ich bin sehr dankbar sowohl für Geborgenheit als auch Anforderung, sehe es als Führung Gottes und als Geschenk.

ABER diese Annahme, dieses Nichturteilen erlebe ich nur hier. Wenn ich Messen besuche, wo mich keiner kennt, beginnt der Zwiespalt: Wenn ich die Kommunion emp-

*fange, bin ich Ärgernis, obwohl keiner meinen Stand
kennt? Gilt der Beschluß meiner Gemeinde auch hier?
Auch die Beichte bleibt ein Problem: Ich habe Lossprechung erfahren durch die Gemeinschaft – aber kann ich
meine Nichtachtung des Kirchenrechts auf einen Priester abwälzen? Gebe ich da nicht nur Schuld weiter? Oder
aber ist Widerstand gegen ein Recht, das Menschen die
Verzeihung auf Dauer verweigert, nicht Pflicht jedes
Christen? Ja, ich habe mich außer die Norm gestellt, aber
ist diese Norm gerecht? Wird sie jedem einzelnen gerecht?«*

(b) Eine Religionslehrerin erzählt

*»Ich bin inzwischen eine sehr segensreiche, glückliche
Verbindung eingegangen. Da mich meine erste Ehe im Gewissen nicht bindet, konnte ich die Schuldfrage mit Hilfe
eines sehr gewissenhaften Seelsorgers aufarbeiten und
auch den Sakramentenempfang regeln . . . Ich bin ihm besonders dankbar dafür, daß er bei aller Verantwortung ein
Gespür dafür bewahrt hat, wo seine Grenzen liegen und
wo er vor dem Wirken des Herrn einfach zu schweigen
hat. Trotzdem fühle ich mich von der Kirche als ganzer als
schwere Sünderin gebrandmarkt und an den Rand gestellt. Es schafft auch Schuldgefühle, den engagierten
Seelsorger in den Konflikt hineinziehen zu müssen, da
seine individuelle Entscheidung vor der Gesamtkirche
keine offizielle Gültigkeit erlangen kann. Ist er nicht genauso alleingelassen, gerät er nicht in ähnlicher Weise in
einen Zwiespalt, wenn einzelne Gemeindemitglieder
ihm gegenüber Vorwürfe erheben, wenn ich die Sakramente empfange?«*

(c) Vor einem Diözesangericht

Durch einen Telefonseelsorger hatte sie von der Möglichkeit der Annullierung ihrer Ehe erfahren. Für ihren Anwalt beim Wiener Diözesangericht lag der Fall völlig klar:
Ungültigkeit der Ehe wegen Kinderausschlusses ihrer-

seits. Von der zweistündigen Einvernahme erzählt sie dann folgendes:

»*Ich hatte Mühe, den oft schwer verständlich formulierten Fragestellungen zu folgen. Überdies empfand ich es auch als eigentümlich, daß meine Einvernahme nur durch den Notar des Diözesangerichts, also lediglich durch eine einzige Person stattfand . . . Die Fragen nach dem Kinderausschluß konzentrierten sich nur auf meinen geschiedenen Mann; völlig unbeachtet und unbeleuchtet blieben die psychologischen Hintergründe, die es mir unmöglich machten, mir überhaupt Kinder vorstellen zu können: meine allzu strenge Kindheit, das Defizit an liebevoller Zuwendung seitens meiner Mutter. Größtes Gewicht wurde allerdings auf unsere Liebes- und Verhütungspraktika gelegt – hier achtete man peinlichst genau auf Details. Meine Überzeugung, im Falle einer unerwünschten Schwangerschaft trotzdem nicht abzutreiben, wurde schließlich zu einer primären Begründung für das spätere Scheitern meines Annullierungsverfahrens, da man darin einen Widerspruch zu meinem behaupteten mangelnden Kinderwunsch zu erblicken meinte: Ehrfurcht vor dem ungeborenen Leben als Negativum in einem kirchenrechtlichen Prozeß!*«

(d) Kirchliche Anstellung und Scheidung

Eine weitere Spannung, mit der sie leben muß, beschreibt sie so:

»*Nachdem mir eine weitere Anstellung als Religionslehrerin verweigert worden war, fühlte ich mich in finanzieller Hinsicht sehr allein gelassen und geriet in arge Existenznot. Für eine Weiterbildung fehlten mir sowohl die Kraft als auch der Mut, und an ein Stipendium war nicht zu denken. Staatlicherseits wird ja nur ein erstes Studium unterstützt. Da ich ein wenig Maschineschreiben konnte, begann ich, auf irgendwelche Annoncen zu antworten, in denen Büroangestellte gesucht wurden. Jahrelang wech-*

selte ich dann von Anstellung zu Anstellung. *Hier fehlte mir zuviel an kaufmännischen Kenntnissen, anderswo reichte meine Geschwindigkeit an der Schreibmaschine nicht aus, in einer Anwaltskanzlei litt ich gar eineinhalb Jahre lang unter den Demütigungen einer kirchenfeindlich eingestellten Kanzleileiterin, die nicht einsehen konnte, warum ich nicht kräftig gegen die Kirche mitschimpfte. Dazwischen habe ich wiederholt Arbeitslosengeld und sogar Notstandshilfe bezogen.*

Ich habe, inzwischen eine versierte Bürokraft, versucht, in dieser Eigenschaft eine Anstellung bei der Erzdiözese Wien zu erbitten, jedoch auch in dieser Hinsicht unter Hinweis auf das gültige Kirchenrecht eine bedauernde Ablehnung erfahren. Trotzdem: Ich habe einst aus den Händen des Herrn Kardinal Dr. König persönlich meine kirchliche Sendung, die ›missio canonica‹ empfangen, und mein kirchliches Sendungsbewußtsein ist nach wie vor wach. Daß ich meinen Beruf nicht mehr ausüben kann, stößt auf Widerspruch, sodaß oft harte Kritik an der Kirche laut wird. Diese schmerzt mich wieder ganz besonders, da ich in meiner Liebe zu Christus auch jene zur Kirche als seinem mystischen Leib bewahrt habe, sodaß ich mich genötigt fühle, meine Kirche zu verteidigen. Oft schon wandten sich dann viele verständnislos von mir ab, hielten mich für verschroben, leicht verrückt oder gar masochistisch, sodaß ich mich oft frage, ob nicht durch den Umstand, daß wiederverheiratete Religionslehrer ihre Anstellung verlieren, ein weitaus größeres Ärgernis geschaffen wird als im Falle einer Weiterbeschäftigung!«

(e) »Wie Bruder und Schwester«

Zum Thema erzählt sie:

»Motiviert wird die sexuelle Vereinigung zwischen Menschen von dem Verlangen, einander nahe zu sein, aneinander teilzuhaben, einander zu lieben. Nun ist vieles, was in der geschlechtlichen Vereinigung geschieht, angeboren und fest im Organismus verankert. Im Zusammenleben entstehen deshalb Spannungen in den Geweben, die auf lange Sicht nur in einer sexuellen Begegnung gelöst werden können. Die körperliche Erfüllung festigt die Beziehung, Frustrationen hingegen wirken hier auf die Dauer trennend. Ärzte haben erkannt, daß viele physische Beschwerden letztlich Verschiebungen sexueller Probleme sind. Diese rufen Ehestörungen genauso hervor, wie Ehestörungen zu sexuellen Problemen führen, was Psychologen als ›Umkehrschluß‹ bezeichnen. Sie können, wenn keine positive Lösung angestrebt wird, die Chance für den glücklichen Fortbestand einer Partnerschaft verbauen.[1]

Die Psychoanalyse hat erkannt, daß Verbote im sexuellen Bereich zu einem verstärkten Wunsch nach sexueller Betätigung führen. Diese ›paradoxe Intention‹ findet in der Psychotherapie ihre Anwendung, indem Potenzschwierigkeiten durch vorübergehende Koitusverbote beseitigt werden.[2] Die Tatsache, daß Verbote stimulierend wirken, führt auch jede Parallele zu einem krankheitsbedingten Verzichtenmüssen auf sexuelle Betätigung ad absurdum! Ein Seelsorger verglich das krampfhafte, immer wieder Rückfällen ausgesetzte Bemühen um eheliche Enthaltsamkeit Wiederverheirateter mit einer Katze, die sich in den Schwanz beißt. In dem aussichtslosen Kampf muß bald jeglicher Bezug zu einer vom kirchlichen Gesetzgeber verordneten Bußgesinnung verlorengehen. Bedauerlicherweise gibt es noch keine Untersuchung, die sich mit den psychischen und physischen Auswirkungen erzwungener ständiger ehelicher Enthaltsamkeit auswirkt.«

---

[1] Vgl. Theodore, L., Das menschliche Leben, Frankfurt 1970, 64, 585–590.
[2] Frankl, V.E., Die Sinnfrage in der Psychotherapie, München 1981, 64.

2. Die Ambivalenz in kirchenamtlichen Texten

Was in den persönlichen Zeugnissen laut wird, klingt auch in manchen kirchenamtlichen Äußerungen schon teilweise an. Auch auf z. T. sehr theoretisch abstrakter Ebene kommt eine Ambivalenz zum Vorschein, die noch einen weiten Weg bis zu einer adäquaten Problemlösung in Liebe erahnen läßt.

– Papst Johannes Paul II. schreibt in Familiaris Consortio unter der Nr. 84: »Die Kirche, die dazu gesandt ist, um alle Menschen und insbesondere die Getauften zum Heil zu führen, kann diejenigen nicht sich selbst überlassen, die eine neue Verbindung gesucht haben, obwohl sie durch das sakramentale Eheband schon mit einem Partner verbunden sind. Darum wird sie unablässig bemüht sein, solchen Menschen ihre Heilsmittel anzubieten.« Außerdem wird gefordert, die verschiedenen Situationen der Betroffenen gut zu unterscheiden, den Betroffenen in fürsorgender Liebe beizustehen, damit sie sich nicht als von der Kirche getrennt betrachten, für sie zu beten und ihnen Mut zu machen und sie durch Barmherzigkeit im Glauben und in der Hoffnung zu stärken.

Dieser positiven Grundgestimmtheit gegenüber wiederverheirateten Geschiedenen steht dann aber die entschiedene Absage des Sakramentenempfangs gegenüber: »Die Kirche bekräftigt jedoch ihre auf die Heilige Schrift gestützte Praxis, wiederverheiratete Geschiedene nicht zum eucharistischen Mahl zuzulassen. Sie können nicht zugelassen werden; denn ihr Lebensstand und ihre Lebensverhältnisse stehen in objektivem Widerspruch zu jenem Bund der Liebe zwischen Christus und der Kirche, den die Eucharistie sichtbar und gegenwärtig macht. Darüber hinaus gibt es noch einen besonderen Grund pastoraler Natur: Ließe man solche Menschen zur Eucharistie zu, bewirkte dies bei den Gläubigen hinsichtlich der Lehre der Kirche über die Unauflöslichkeit der Ehe Irrtum und Verwirrung« (FC, Nr.84).

– Die Relativierung dieser Absage an einen Sakramentenempfang beinhaltet eine neue Spannung: »Die Wiederversöhnung im Sakrament der Buße, das den Weg zum Sakrament der Eucharistie öffnet, kann nur denen gewährt werden, welche die Verletzung des Zeichen des Bundes mit Christus und der Treue zu ihm bereut und die aufrichtige Bereitschaft zu einem Leben haben, das nicht mehr im Widerspruch zur Unauflöslichkeit der Ehe steht. Das heißt konkret, daß, wenn die beiden Partner aus ernsthaften Gründen – z. B. wegen der Erziehung der Kinder – der Verpflichtung der Trennung nicht nachkommen können, »sie sich verpflichten, völlig enthaltsam zu leben, das heißt, sich der Akte zu enthalten, welche Eheleuten vorbehalten sind« (FC, Nr.84).[3]

Gerade diese geforderte Bruder-Schwester-Beziehung wird aber von vielen als auf die Dauer nicht lebbare Lösung erachtet (auch wenn nur von der »aufrichtigen Bereitschaft« gesprochen wird), da es dabei notwendig wäre, Grundbedürfnisse und die Sehnsucht nach einem Leben in Fülle zu verleugnen.

– Die Bischöfe Österreichs teilen anläßlich des Papstbesuchs 1988 in einem Schreiben unter Punkt drei folgendes mit: »Diese Christen sind aus der Kirche keineswegs ausgeschlossen, ihnen muß viel Sorge und Liebe zugewendet werden. Der Papst hat auch betont, daß das Nein der Kirche zum Sakramentenempfang der wiederverheirateten Geschiedenen nicht ein Ausdruck von Unbarmherzigkeit ist, sondern Verteidigung der Treue und Liebe durch die Unauflöslichkeit der Ehe.« Ihnen steht, wie Kardinal Ratzinger betont hat, »der weite Raum der Kommunion mit Gottes Wort offen, die Teilnahme am Gebetsleben der Kirche, an der Feier des Meßopfers (die auch ohne sakramentale Kommunion wirkliche Beteiligung am eucharistischen Geheimnis ist), die Beteiligung am caritativen Wir-

---

[3] Johannes Paul II., Homilie zum Abschluß der VI.Bischofssynode (25.10.1980), AAS 72(1980), 1082.

ken der Kirche und an ihrem Ringen um mehr Gerechtigkeit in der Welt; der Ruf, als Träger des Evangeliums für ihre Kinder zu wirken, gibt ihnen einen wichtigen Auftrag; sie können und sollen an Gesinnung und Tat der Buße teilnehmen, die zu den Grundweisen christlicher und kirchlicher Existenz gehört«.[4]

Als Anfrage muß bleiben: Wird hier nicht die Bedeutung der Sakramente Buße und Eucharistie gemindert? Wird das eigentliche Problem der/des Einzelnen überhaupt zur Sprache gebracht?

– Das Forum »Kirche ist Gemeinschaft« kommt in einem offenen Brief an Johannes Paul II. zu dem Schluß, daß das relativ sichere JA der Kirche bei der Zulassung zur Ehe in keiner Relation stehe zu dem ABER bei der Annullierung einer Ehe. Auf Seite drei heißt es: »Die Kirche verlangt von keinem Sünder eine Gutmachung, die nicht möglich ist. Aus derselben Barmherzigkeit heraus ist auch cinc Zulassung wiederverheirateter Geschiedener zu den Sakramenten denkbar. Sie ist dann mit der Unauflöslichkeit der Ehe vereinbar, wenn die Schuld als solche erkannt und bereut ist und ihre Ursachen so weit als möglich beseitigt sind. Ganz abgesehen davon, daß viele Erst-Ehen ohne die entsprechenden Voraussetzungen kirchlich geschlossen werden und deshalb eigentlich ungültig sind. Die Kirche dürfte bei der Annullierung einer Ehe nicht strenger sein als bei der Zulassung.«[5]

– Wie ungenügend alle bisherigen Lösungsversuche pastoraler Art sind, zeigt Frau G. aus Dommelstadl auf: »Meine Freundin ist seit einigen Jahren in zweiter Ehe verheiratet. Beide Partner wissen, daß sie in der katholischen Kirche

---

[4] Brief an die Priester, Diakone und alle im pastoralen Dienst Stehenden II.3.

[5] Dazu eine Anmerkung der Religionslehrerin: »Unter welch irrigen Voraussetzungen eine Ehe zustandekommen kann, wird hier deutlich: Es war eine panikartige Angst vor dem Verlassenwerden, die mich zu diesem Schritt trieb. Waren doch bereits zwei Freundschaften in die Brüche gegangen, nachdem ich monatelang gegenüber dem Drängen

meiner Freunde nach intimen Kontakten standhaft geblieben war, obwohl ich mich sosehr nach körperlicher Nähe sehnte! Dennoch blieb ich dem Gebot der Kirche treu, bis es zweimal hintereinander hieß: ›Tut mir leid, ich halte das nicht mehr aus!‹ Meinem späteren Bräutigam gab ich mich deshalb schon vor der Ehe hin, um einem neuerlichen, nicht mehr verkraftbaren Verlassenwerden vorzubeugen. Als es zur Eheschließung kam, war das Scheitern dieser Beziehung schon zu erahnen. Doch ich vermeinte, vor der Kirche meine frühen intimen Kontakte nur durch die Konsequenz einer kirchlichen Trauung rechtfertigen zu können! Ein sorgfältiger Brautunterricht fehlte, und ich legte mir in meiner Zwangslage zurecht, das ›Ja‹ auf die Frage des Priesters nach meiner Bereitschaft, ›Kinder anzunehmen‹, gedanklich mit einem ›aber ich werde alles daran setzen, keine zu empfangen!‹ zu begleiten. Dabei übersah ich, daß ich dadurch keine gültige Ehe eingehen konnte, was aber später nicht beweisbar sein würde.« »Es gibt sehr viele Beweggründe zu heiraten, und bei jedem Entschluß zur Ehe sind neben der Liebe in mehr oder weniger starker Ausprägung auch Motive beteiligt wie das Verlangen nach einem eigenen Zuhause, nach Erfüllung und Ergänzung mit einem Menschen anderen Geschlechts, nach sexueller Befriedigung und Lösung des Problems der eigenen Sexualität, der Wunsch nach Geborgenheit, nach Kindern, nach einem Status in der Gesellschaft, eine eingetretene Schwangerschaft.

In manchen Fällen stehen sogar ausgesprochen negative Motive hinter dem Entschluß, zu heiraten. So wollen manche Ersatz und Trost für irgendeine unglückliche Lebenssituation finden, andere einem unerträglichen Zuhause entrinnen und sind unfähig, alleine zu leben, oder werden vom Ehrgeiz der Eltern in die Ehe getrieben. Viele unglückliche Ehen werden sogar aus einer feindseligen Einstellung dem anderen Geschlecht gegenüber geschlossen mit dem unbewußten Wunsch, sich zu rächen. Solche aus Abneigung geschlossene Ehen kommen am häufigsten zustande, wenn einer der Partner zuvor eine Enttäuschung erlebt hatte. Der übereilte Entschluß, rasch irgendjemand anderen zu heiraten, gibt ihm einerseits das Selbstwertgefühl wieder, andererseits soll dem tatsächlich geliebten, aber unerreichbaren Menschen gezeigt werden, daß man nicht auf ihn angewiesen sei. Ja, es steckt die heimliche Hoffnung dahinter, daß der andere seinen Irrtum einsehen und im letzten Augenblick doch noch zurückkommen werde (vgl. Theodore, Das menschliche Leben, 547–552).«

Die Unmöglichkeit der Wiedergutmachung einerseits, die übergroße Sehnsucht nach einer vollen Teilnahme am sakramentalen Leben andererseits bleibt nicht ohne moralische Konsequenzen. »Ich muß zugeben, manchmal gegen den Wunsch nach einem raschen Ableben meines ersten Mannes anzukämpfen, obwohl ich nach den vielen Jahren keinerlei Gefühle der Abneigung für ihn empfinde. Aber allein sein Tod würde mir die Möglichkeit geben, wieder kirchlich zu heiraten!«

aufgrund ihrer Situation ›Gemeinde‹ nur am Rande mit-
erleben können. Sie spüren, daß es Menschen gibt, die sie
als vollwertige Gemeindeglieder aufnehmen möchten.
Trotzdem verhalten sie sich beim Kirchenbesuch oder Aktivitäten in der städtischen Pfarrei unauffällig und zu-
rückhaltend, ›um nicht Gefahr zu laufen, eine offizielle
Stellungnahme oder einen Hinauswurf von kirchlicher
Seite herauszufordern.‹ Auf die Dauer, d. h. ihr Eheleben
lang, kann das für sie keine Lösung sein. So erlebe ich, daß
sie sich in letzter Zeit immer mehr der protestantischen
Gemeinde anschließen, in der Hoffnung, hier eine Heimat im christlichen Sinn zu finden.«[6]
Wie gehen Betroffene mit dieser Ambivalenz um, wie erleben sie ihre Situation? Wer hilft ihnen wie dabei, daß ihr
Leben (ab und zu) glückt? Welche Erfahrungen machen sie
mit der Kirche, der Gemeinde, mit Gott? Gibt es biblische
Auswege aus diesen Ambivalenzerfahrungen?

[6] Brief aus Dommelstadl, Überlegungen zum Problem: Geschieden und
wieder verheiratet, Dommelstadl 1988.

III. Betroffene erzählen

Von Stephan Dinges

1. Theologie auf den Marktplätzen des Lebens

Theologie darf nicht überlegene Zuschauertheologie bleiben, aus einer Loge heraus. Theologie findet statt auf den Marktplätzen der Menschen. Gläubige Theologie versteht sich auf das Horchen im Sinn von hinhorchen und gehorchen. Sie geht davon aus, daß in allen Leidensgeschichten sich Jesu Leiden in der Welt fortsetzt. Deshalb muß Theologie wieder hören lernen, hinhören auf die Nöte und Ängste der Menschen, die in der Kirche Schutz und Hilfe suchen. Theologie ergreift für den Menschen und seine Lebensmöglichkeiten Partei. So hilft die Theologie der Kirche, ihre Option zugunsten von Minderheiten und der in Not Geratenen zu erneuern.

Geschiedene/Wiederverheiratete sollen mit ihren Problemen zur Sprache kommen. Das Problem der Scheidung, ihrer Hintergründe und die Frage nach einer lebenswerten Zukunft nach dem Scheitern wird nicht hier gelöst werden. Das hindert uns nicht daran, daß bei unserem Fragen der betroffene Mensch im Mittelpunkt steht. So werden wir zu einer differenzierteren und damit auch dem Menschen und seinen einmaligen und zugleich begrenzten Möglichkeiten gerechteren Sichtweise beitragen.

2. Fragen

Am Anfang wie auch am Ende der Arbeit standen und stehen viele Fragen. Manche sind die Arbeit hindurch fragwürdig geblieben. Eine methodische Anfangsfrage war:

Welchen Nutzen hat eine Befragung für die Theologie? Schärfer noch: Ist ein solches empirisches Instrumentarium geeignet, eine Antwort auf theologische Probleme formulieren zu helfen?

(a) Richtungs-weisendes Fragen

Es geht hier aber nicht um empirisch-analytische Antworten auf heikle theologische Fragen. Die Wahrheit wird nicht durch Abstimmung eruiert. Vielmehr ist unser Anliegen, daß die notwendigen Fragen mit Kompetenz so gestellt werden können, daß die Theologie menschengerecht darauf antworten kann. Wenn Pastoraltheologie die Wissenschaft für eine verantwortbare Praxis der Kirche ist, darf das einfühlsame Gespräch mit den Betroffenen und ein sich anschließender liebend-kritischer Dialog nicht fehlen. Die Kenntnis der Fragen und Nöte der Betroffenen ist maßgeblich für die Praxis der Kirche.

(b) Betroffene haben das erste und das letze Wort

So bleibt unser erstes Anliegen, die Menschen, die von Scheidung betroffen sind, mit ihren eigenen Worten zur Sprache kommen zu lassen. Sie werden Subjekte sein, nicht Objekte der Forschung.

3. Methoden

Welches Forschungsinstrumentarium ist für unsere Intensionen angemessen? Welche Fragen müssen wie gestellt werden, damit es gelingt, mit ihrer Hilfe die Praxis der Kirche zu optimieren?

(a) Forschungmethode

Wir haben uns für eine qualitative Forschungsmethode entschieden: Es wurden zweiundvierzig Tiefeninterviews mit Geschiedenen/Wiederverheirateten geführt. Die Interviews wurden durch einen Leitfaden strukturiert: Ein Frageraster mit offenen Fragen, ein Halteseil für die Befragten, sollte für die Auswertung der Lebensgeschichten eine vergleichbare Struktur schaffen.

Diese Vorgehensweise setzt gegenüber einer quantitativen Vorgehensweise andere Schwerpunkte: Enge Fragen in einem begrenzten Rahmen und in einer großen Befragungseinheit geben eine zuverlässige und repräsentative Antwort – jedoch genau in diesem beschränkten Rahmen. Doch unser Interesse ist ein anderes: Wie handeln einzelne unverwechselbare Betroffene? Wie nehmen sie in ihren Scheidungsgeschichten die kirchliche Gemeinschaft wahr? Wie wollen sie wahr-genommen werden?

(b) Behutsamer Umgang

Wir versuchen in solchem Fragen einen behutsamen Umgang mit den Menschen. Es ist notwendig, mit großem Respekt den Lebensgeschichten in ihrer Ganzheit gegenüber zu treten. Betroffene werden mit ihrem je eigenen Schicksal ernst genommen. Damit soll der Respekt vor der Einmaligkeit der Geschichte des einzelnen zum Ausdruck kommen, den die Kirche den Menschen schuldet. Theologisches Fragen ist immer ein Fragen der Kirche nach dem Menschen und nach dessen Deutungen des Handelns Gottes an ihm.

(c) Fragen aus Interesse am Menschen

Unser Fragen geht aus von einem qualifizierten Interesse an den Menschen: Wir fragen nach Lebenserfahrungen und die dadurch bedingten Kirchenerfahrungen. Es war uns zu wenig, bloß einen Zustand zu analysieren. Wir hielten es vielmehr für notwendig, um den gegebenen Zustand zu verstehen, den Verlauf von Scheidungsgeschichten betrachten zu lernen und in ihnen die Matrix des menschlichen Leidens zu sehen, die dem Scheitern von Lebensplänen zugrunde liegt.

4. Fragebogen

Nachfolgend stellen wir den Fragebogen vor, der den Interviews zugrunde lag. Zur Orientierung haben wir bei der Auswertung die Fragennummern beibehalten und eine Ziffer für den Interviewpartner angefügt.

Der erste Fragekomplex versucht einen groben Überblick zu gewinnen über die Gruppe der Befragten. Wir haben gefragt nach:

– Mann/Frau
– Wie lange liegt Ihre Scheidung zurück?
– Wie lange waren Sie verheiratet?
– In welchem Alter haben Sie geheiratet?
– Waren Sie vor der Eheschließung miteinander verlobt?
– Wie lange haben Sie sich gekannt vor der Hochzeit?
– Haben Sie vor der Hochzeit gemeinsam eine Wohnung bewohnt?
– Lagen standesamtliche und kirchliche Trauung länger als ein paar Tag auseinander? Wenn ja, wie lange?

Der zweite Fragenkomplex umfaßt die biographische Entwicklung. Im Interview haben wir zuerst nach der heutigen Lebenssituation gefragt, um den Interviewpartner Zeit zu lassen und das Geschehen von hinten aufzurollen. In der Auswertung werden wir den umgekehrten Weg gehen.

2a: Wie leben Sie heute?
2b: Welche grundlegenden Änderungen gibt es im Vergleich zu früher für den Alltag?
2c: Wie geht es Ihnen jetzt, wenn Sie an Ihren früheren Lebenspartner denken?

3a: Wie ist es Ihnen unmittelbar nach der Scheidung ergangen?
3b: Welche Auswirkungen hatte die Scheidung auf den Alltag (auf Kinder)?
3c: Welche Rolle spielten die Kinder bei der Scheidung?

3d: Wer oder was hat ihnen in dieser Zeit Kraft gegeben?
3e: Waren Sie auf besondere ärztliche Hilfe angewiesen?
3f: Wie lange hat es gedauert, bis Ihr Leben wieder einigermaßen normal verlaufen ist?

4a: Welche Gründe haben zur Scheidung geführt?
4b: Wann war der erste Gedanken an eine mögliche Scheidung?
4c: Mit welcher Einstellung, mit welchen Erwartungen haben Sie geheiratet?
4d: Wie haben Sie die Zeit bis zur Scheidung erlebt? Welche Gefühle waren damals vorherrschend?
4e: In welche Phasen würden Sie diese Zeit einteilen?
4f: Wie haben Sie den Scheidungsprozeß und die Scheidung vor Gericht erlebt? – War es ein friedlicher Verlauf oder gab es große Konflikte?
4g: War es in Ihrer Ehe möglich, über Probleme zu reden (Kinder, Geld, Partnerschaft, Sexualität)?
4h: Manche sagen, der erste Partner geht einem nicht aus dem Sinn. – Welche Erfahrungen haben Sie damit gemacht?

5a: Welche Pläne oder Visionen haben Sie für die weitere Zukunft?
5b: Es gibt drei Möglichkeiten der Lebensgestaltung nach der Scheidung: – A) mit einem Partner zusammenleben oder wieder heiraten; – B) alleine leben lernen; – C) die verrückte Hoffnung auf das Wiederzusammenfinden mit dem früheren Partner. Wie beurteilen Sie diese drei Möglichkeiten?

6a: Wenn Sie zurückblicken und ein Urteil versuchen, was haben sie aus Ihren Erfahrungen gelernt? (— Was ist gut verlaufen? Was wäre besser anders verlaufen? – Haben Sie Schuldgefühle gehabt? Wie sind Sie damit umgegangen?)

7a: Was bedeutet Glaube für Sie?

7b: Wie häufig beten Sie? Hat sich das im Lauf der Zeit geändert?

7c: Haben Sie durch den Glauben Hilfe erfahren (Können Sie das in Bildern oder Geschichten ausdrücken?)

8a: Wie haben Sie die Kirche erlebt?

8b: Welche Erfahrungen haben Sie mit Katholiken gemacht?

8c: Welche Erwartungen haben Sie an die Seelsorge, die Seelsorger, die Eheberatung?

8d: Welche Auswirkung hat die Scheidung auf ihr Verhältnis zur Kirche? Gibt es Auswirkungen auf die religiöse Erziehung der Kinder?

8e: Kann die Zulassung zu den Sakramenten geschiedener Wiederverheirateter eine Hilfe für die Betroffenen sein?

8f: Können Sie sich ein kirchliches Scheidungsritual vorstellen?

8g: Haben Sie eine Annullierung der ersten Ehe erwogen oder war Ihnen die Möglichkeit nicht bekannt?

5. Gesprächspartnerinnen und Gesprächspartner

Mit folgenden Personen, Frauen und Männern, haben wir Gespräche geführt:

1 Frau, 31 Jahre alt, 4 Jahre verheiratet, seit 9 Jahren geschieden

2 Frau, 67 Jahre alt, 2 Jahre verheiratet, seit 40 Jahren geschieden

3 Frau, 34 Jahre alt, 5 Jahre verheiratet, seit 10 Jahren geschieden

4 Frau, 37 Jahre alt, 7 Jahre verheiratet, seit 5 Jahren geschieden

5 Mann, 36 Jahre alt, 2,5 Jahre verheiratet, seit 10 Jahren geschieden

6 Frau, 47 Jahre alt, 7 Jahre verheiratet, seit 20 Jahren geschieden

7 Frau, 41 Jahre alt, 11 Jahre verheiratet, seit 10 Jahren geschieden

8 Frau, 45 Jahre alt, 18 Jahre verheiratet, seit 7 Jahren geschieden

9 Frau, 33 Jahre alt, 5 Jahre verheiratet, seit 2,5 Jahren geschieden

10 Mann, 48 Jahre alt, 13 Jahre verheiratet, seit 8 Jahren
geschieden

11 Frau, 54 Jahre alt, 28 Jahre verheiratet, seit 3 Jahren geschieden

12 Mann, 58 Jahre alt, 22 Jahre verheiratet, seit 11 Jahren
geschieden

13 Frau, 33 Jahre alt, 1,5 Jahre verheiratet, seit 11 Jahren
geschieden

14 Frau, 56 Jahre alt, 20 Jahre verheiratet, seit 12 Jahren
geschieden

15 Frau, 48 Jahre alt, 8 Jahre verheiratet, seit 17 Jahren geschieden

16 Mann, 55 Jahre alt, 5 Jahre verheiratet, seit 25 Jahren
geschieden

17 Frau, 54 Jahre alt, 8 Jahre verheiratet, seit 26 Jahren geschieden

18 Frau, 53 Jahre alt, 14 Jahre verheiratet, seit 18 Jahren
geschieden

19 Frau, 38 Jahre alt, 5 Jahre verheiratet, seit 13 Jahren geschieden

20 Frau, 30 Jahre alt, 2 Jahre verheiratet, seit 2,5 Jahren
geschieden

21 Frau, 33 Jahre alt, 10 Jahre verheiratet, seit 1 Jahr geschieden

22 Frau, 48 Jahre alt, 20 Jahre verheiratet, seit 8 Jahren geschieden

23 Frau, 28 Jahre alt, 1 Jahr verheiratet, seit 10 Jahren geschieden

24 Frau, 49 Jahre alt, 15 Jahre verheiratet, seit 3 Jahren geschieden

25 Frau, 31 Jahre alt, 5,5 Jahre verheiratet, seit 4 Jahren geschieden

26 Frau, 6 Jahre verheiratet, seit 3 Jahren geschieden

27 Mann, 54 Jahre alt, 27 Jahre verheiratet, seit 2,5 Jahren geschieden

28 Frau, 11 Jahre verheiratet, seit 3 Jahren geschieden

29 Mann, 38 Jahre alt, 3 Jahre verheiratet, seit 14 Jahren geschieden

30 Mann, 43 Jahre alt, 20 Jahre verheiratet, seit 2 Jahren geschieden

31 Frau, 31 Jahre alt, 2 Jahre verheiratet, seit 6 Jahren geschieden

32 Mann, 47 Jahre alt, 13 Jahre verheiratet, seit 1 Jahr geschieden

33 Mann, 49 Jahre alt, 27 Jahre verheiratet, seit 2 Monaten geschieden

34 Frau, 30 Jahre alt, 7 Jahre verheiratet, seit 1,5 Jahren geschieden

35 Frau, 34 Jahre alt, 16 Jahre verheiratet, seit 1/2 Jahr geschieden

36 Mann, 36 Jahre alt, 3 Jahre verheiratet, seit 8 Jahren geschieden

37 Frau, 65 Jahre alt, 11 Jahre verheiratet, seit 32 Jahren geschieden

38 Frau, 42 Jahre alt, 9 Jahre verheiratet, seit 7 Jahren geschieden

39 Mann, 48 Jahre alt, 12 Jahre verheiratet, seit 10 Jahren geschieden

40 Frau, 27 Jahre alt, 3 Jahre verheiratet, seit 1 Jahr geschieden

41 Mann, 35 Jahre alt, 6 Jahre verheiratet, seit 2 Jahren geschieden

42 Frau, 45 Jahre alt, 19 Jahre verheiratet, seit 3 Jahren geschieden

43 Frau, 45 Jahre alt, 20 Jahre verheiratet, seit 5 Jahren geschieden

IV. Scheidungsgeschichten

Von Stephan Dinges

1. Mauern entstehen

Eine Scheidung beginnt alltäglich: Zwischen zwei Partnern entsteht eine Mauer, oft noch nicht als solche erkennbar. Manchmal wächst sie langsam weiter, manchmal schlagartig. Die Erfahrungen, die hinter einer Scheidung stehen, haben mit Scheitern zu tun; sie sind Zeugnis eines steinigen Weges. Dieser Weg ist verbunden mit Versagen und Schuld, es ist ein Weg der verpaßten Chancen. Bausteine, die Grundlage eines gemeinsamen Lebenshauses werden sollten, sind Stolpersteine geworden.

(a) Sprachlosigkeiten im Alltag

Die mangelnde Kommunikation, die Betroffenheit über die eigenen Abgründe und die des Partners – verbunden mit einer Sprachlosigkeit – ist oft eine tiefere Ursache des Scheiterns einer Beziehung. Dies wurde von den meisten Interviewten bestätigt. Auch ihre Beziehungen haben im Schweigen geendet, in einem Zustand, in dem man einander nichts mehr zu sagen hat. Die Liebe ist verstummt: Zeichen ihres Todes. Nicht immer war die Sprachlosigkeit von Anfang an gegeben. Doch sind wohl die geführten Gespräche, selbst bei einer Konfliktbereitschaft deshalb verstummt, weil sie folgenlos blieben.

Es gab kein Gespräch, nicht weil wir uns nicht verstanden hätten, es hat uns die Reife gefehlt um zu begreifen, um was es geht. Selbst ohne die kirchliche Dimension waren wir beide zu unreif. Das Reden ist uns gar nicht abgegan-

gen. Ich habe das in der zweiten Partnerschaft auch nicht gekonnt. Ich bin in etwa in das gleiche wieder hineingeschlittert. Reden habe ich erst im eigenen Freundeskreis gelernt. 4g/13

Über Probleme wurde in unserer Ehe nicht gesprochen. Ich wollte von meiner Frau und den Kindern alle Probleme fernhalten. Vieles, z. B. Umgang mit Geld habe ich ihr gar nicht zugetraut. 4g/31

(b) Gespräche als Wohnorte

Das Gespräch ist jedoch mehr als ein Mittel zum Austragen von Problemen. Es ist ein Ort, in dem der einzelne Gefühle und Erwartungen äußeren kann. Die gemeinsamen Gespräche sind unabdingbare Bausteine für das Ehe-Haus. Es wird kaum eine ideale Ehe sein, in der man in kleinkindhafter Weise ausschließlich einander die Wünsche von den Lippen abliest.

Ich bin ein sehr verschlossener Mensch, als Einzelkind aufgewachsen, kaum Freunde, und auch Mädchen gegenüber abgeschlossen. Meine Frau war das erste Mädchen, das ich näher kennenlernte – rückblickend würde ich sagen, daß dies eine äußerst ungute Situation war. Ich hatte keine Erfahrung mit dem anderen Geschlecht und war meinen Gefühlen voll ausgeliefert. Ich konnte aber meinen Gefühlen keinen Ausdruck geben, was sich durchgezogen hat, weder im Sexuellen noch sonst irgendwo. Es war da eine permanente Unsicherheit, wie sieht mich der andere, was geschieht, wenn du dich so gibst – bist du dann minderwertig, schaut dich dann keiner mehr an? 4g/12

2. Das Eheband wird brüchig

(a) Ehe in der Fremde . . .

Einer der am meisten genannten Gründe für eine Scheidung ist der Ehebruch, das Erfahren von der Untreue des
Ehepartners. Doch die Interviews zeigen, daß der Seiten-
sprung, das Fremd-gehen nur der Ausdruck und meist
auch Abschluß einer gestörten Beziehung ist. Die Ehepartner sind schon zuvor in die Fremde gegangen, einander
fremd geworden. So ist zwar noch das Eheband vorhanden, das zwei Menschen miteinander geknüpft haben,
aber es bindet die beiden nicht mehr aneinander.

*Zur Untreue kam ein schwindendes »Interesse« des Man-
nes an mir.* 4a/1

Die Schuldfrage ist selbst bei erwiesener Untreue nicht
einfach zu klären.

*Meine Frau hat einen Freund gehabt und mich aufgrund
dessen verlassen. Sie hat sich dann für ihn entschieden.
Daß es überhaupt zur Scheidung gekommen ist, ist aber
durch meinen Beitrag mitverursacht worden, daß ich zu
lieblos war in der Ehe. Meine Frau wollte damals etwas erleben, und ich bin zuhause gesessen und habe meine Dis-
sertation geschrieben. Ich weiß nicht, wie weit, aber dadurch trägt man seinen Anteil der Schuld.* 4a/5

Bezeichnend für viele Fälle ist der Mangel an gemeinsamer
Entwicklung:

*Es war unmöglich zwischen uns. Wir waren verliebt, und
damit aus. Was mir wichtig war – miteinander reden –
war nicht möglich. Ich wollte vieles bereden. Er hat sein
Leben mit mir geteilt, viel von sich erzählt. Aber meines
hat er nicht mit mir teilen können. Er hat sich nicht dafür*

interessiert, was mir wichtig war ... Wenn ihm etwas nicht gepaßt hat, dann hat er einfach nichts geredet mit mir. Es war eine fortwährende Kränkung. Wenn er eine Schwäche von mir entdeckt hat, hat er das immer wieder ausgenützt. 4a/9

Darüber war kein Austausch möglich. Mein Mann hat die Veränderung, die in mir stattgefunden hat, nicht mitbekommen – ich habe sie ihm auch nicht erzählt. Wir hatten keine Austauschbasis (»geht mich nichts an«). Wir haben uns auseinander entwickelt, ich war inzwischen jemand ganz anderes, als er mich kannte. 4a/15

(b) ... statt gemeinsamen Wegen

Die schmerzliche Erfahrung ist, daß Lebensentwürfe nicht mehr kompatibel zueinander sind. Wer sieht dann einen Sinn im weiteren Miteinanderleben, woher ist dafür Kraft zu bekommen? Die Situation verschärft sich durch das Gefühl, in dieser Erfahrung der Sinnlosigkeit aneinandergekettet zu sein. Oft kommen mehrere Gründe, wie Gewalttätigkeiten, Lieblosigkeit und Alkohol zusammen.

Nachdem er mich geschlagen hatte – das habe ich mir nicht gefallen lassen. Daß es soweit gekommen ist, das waren eigentlich Kleinigkeiten und das Bundesheer und der damit verbundene Freundeskreis: der Beweis, stark zu sein. 4a/13

Mangelnde Zärtlichkeit und Lieblosigkeit bringt die Geringschätzung des Partner zum Ausdruck. Damit ist der gemeinsame Plan für die Zukunft, ja die Zukunft selbst, existentiell bedroht. Eine gemeinsame Zukunft erscheint oft nach einer langwierigen Bilanz nicht mehr lebbar, nicht mehr wünschenswert.
Sicher ist auch eine Ursache für das Scheitern einer Ehe die (krankhafte, überstarke) Beziehung zu den Eltern.

Die Lieblosigkeit zwischen uns (war der Grund). Meine Frau war ohne Vater aufgewachsen. Sie hatte eine sehr starke Mutterbindung, hatte sich nie von sich aus von ihr gelöst und war viel öfters bei ihr als zu Hause. Der Haushalt war völlig vernachlässigt und meine Wäsche mußte ich zum Waschen in die Kaserne mitnehmen. 4a/33

Letztlich ist die Scheidung immer das Eingeständnis, daß die Erwartungen, die Lebensträume sich nicht verwirklicht haben oder diese zu groß waren.
Die Menschen erzählen von den überhohen Anforderungen, die an sie gestellt werden und mit denen sie allein gelassen werden.

Eigentlich war das Leben nicht zu ertragen, von vornherein. Kann es nicht sein, daß das christliche Eheideal für manchen nicht lebbar ist? Eigentlich ist ein größerer Lernprozeß notwendig; wenn ich jemanden liebe, brauche ich ihn noch lange nicht heiraten. Ich bin froh, nicht mehr katholisch heiraten zu können, auch ob des Absolutheitsanspruchs, der hinter einer katholischen Ehe steht. Hier wird eine menschlichen Institution durch die Kirche überbaut, in der kein Scheitern, kein Neubeginn, keine Korrektur gestattet ist. Ich gehe davon aus, daß eigentlich jeder mit einem Partner glücklich werden möchte, auch ich habe mir das gewünscht, – jeder wünscht sich einen Dauerpartner. 4a/4

Eher eine Randerscheinung sind soziale Differenzen als Scheidungsgrund.

Wir kommen aus sehr verschiedenen Familien. Mein Vater war Jurist, konservativ, streng katholisch – er hat mich geprägt. Meine Frau stammt aus der »untersten Schicht« und fühlte sich immer dorthin gezogen. Sie ging öfters am Tag ins Kaffeehaus, nachts in Discos, vernachlässigte den Haushalt und die Kinder. Sie wollte nicht älter werden,

*suchte immer wieder Männerbekanntschaften und
wollte mit dem letzten Mann sogar im Haus einziehen, da
sie ja zur Hälfte am Haus angeschrieben war. Wir hatten
schon zwei Jahre zuvor nicht mehr miteinander geschla-
fen. Es waren unerträgliche Zustände.* 4a/32

Andere treffen die lapidare Feststellung, daß sie einfach
zu jung und damit überfordert waren. Wer hätte sie war-
nen oder vorbereiten können?

3. Die Trennmauer beginnt zu wachsen

Auch bis zur Scheidung läuft ein Prozeß, der jedoch selten
so klare Regeln wie der abschließende Scheidungsprozeß
hat. Bei einigen Erzählungen kann rückblickend nur gefragt werden, ob die beiden überhaupt die reelle Chance
hatten, ein gemeinsames Ehehaus zu bauen.

(a) Mit Scheidung rechnen?

Geschiedene berichten, daß sie von der Scheidung überrascht wurden oder sich dagegen zur Wehr gesetzt haben –
weil sie sich dieses Mittel zur Konfliktlösung nicht vorstellen konnten. Andere haben da pragmatischere Vorstellungen geäußert.
Nur wenige haben eine Scheidungsbereitschaft schon vor
der Ehe als ein Mittel der Konfliktlösung in Betracht gezogen.

*Er sprach von Trennung, bereits vor der Eheschließung,
wenn es nicht klappt, wollte deswegen auch nur standesamtlich heiraten; in der Ehe war 100 x von Scheidung die
Rede, sie hat das aber nie ernst genommen.* 4b/38

*Drei Wochen nach der Hochzeit dachte ich mir: Das kann
nicht gut gehen. Diese Haltung ist mir nicht leicht gefallen, ich bin eher ein Sturschädel.* 4b/4

Mehrere Geschiedene sahen sich einfach mit der Scheidungsabsicht ihres Ehepartners konfrontiert, bisweilen sogar nur durch den Anwalt. Sie haben, trotz ihrer Weigerung zur Scheidung, durch die daraus entstehende Situation, die nicht mehr lebenswert und oft auch nicht mehr lebbar war, in die Scheidung eingewilligt.

Ich habe eine Scheidung nie in Erwägung gezogen. 4b/12

Der erste Gedanke an eine mögliche Scheidung kam bei mir erst, als ich zum Anwalt nach einer einseitig eingereichten Scheidung vorgeladen wurde. 4b/30

Eine Variante und gleichzeitig ein beredtes Zeugnis für nicht vorhandene Modelle zur Konfliktbewältigung, ist der lautlose Abgang eines Ehepartners.

Ich wollte mich nie scheiden lassen. Er ist am hellichten Tag verschwunden. Er hat mich angerufen, ich soll ihn vom Betrieb abholen. Ich habe draußen gewartet, dabei war er gar nicht mehr dort. Zuhause habe ich einen Zettel am Küchentisch gefunden: »Bin ausgezogen, bin bei meiner Freundin.« Seine persönlichen Sachen und unser Sparbuch haben gefehlt. Zwischen uns hat es nie eine Aussprache gegeben. 4b/35

Überhaupt nie davon (Scheidung) gesprochen; eines Tages war (die) Wohnung durchwühlt, er war weg, (es kam ein) Schreiben vom Anwalt, daß er Scheidung eingereicht hat (er hatte andere Partnerin). 4b/37

Es müssen mit den Betroffenen Möglichkeiten gefunden werden, diesen Konflikt aufzuarbeiten. Denn wenn sich der Partner nicht der Auseinandersetzung stellt, bleiben zu viele offene Fragen und Wunden zurück.
Für mehrere war die Kenntnis der Untreue der Anlaß, sich mit dem Gedanken der Scheidung auseinanderzusetzen.

Anlaß war die Untreue von ihm. Aber der Grund war, daß er so unmöglich war zu mir. Bis dahin habe ich noch gedacht, ich habe versprochen, ihm die Treue zu halten, in guten und in schlechten Tagen. Ich versuche es, auch in der schwierigen Zeit der Streitereien während der ganzen Ehe. Aber sobald ich von seiner Freundin gewußt habe, habe ich gewußt, jetzt lasse ich mich scheiden. 4b/9

Für die meisten war der Entschluß zur Scheidung länger herangereift, oft begleitet von Bemühungen, die drohende Scheidung abzuwenden, in einem Zeitraum von zwei bis vier Jahren.

Der Gedanke an eine Scheidung war mir erst ein Jahr vor unserer Scheidung gekommen, obwohl unsere Ehe von Anfang an die Hölle war. 4b/32

Drei Jahre vor der Scheidung, auch der Beginn der Auseinanderentwicklung; manchmal dachte ich, ich könnte gleich davonlaufen, dann hat es sich wieder besänftigt. 4b/15

Doch ein Gedanke, einmal gedacht, trägt in sich die Möglichkeit Wirklichkeit zu werden. Je öfter er in Betracht gezogen wird, desto wahrscheinlicher wird er.

Der Gedanke an eine Scheidung wurde einmal aufgeworfen und keiner hat es ernst genommen. Man redet so leicht: »Dann lassen wir uns eben scheiden.« Und das kommt öfter und immer wieder bis du es einmal glaubst. In dem Moment, in dem du es formulierst, gestehst du ein, daß es möglich ist. Das hat zwei Jahre vor der Scheidung begonnen. 4b/34

Der Entschluß zur Scheidung kann auch durch eine existentielle Bedrohung kurzfristig zustande kommen, z. B. durch Gewalt.

Ich wußte, mit vier Kindern habe ich keine Chance allein. Ich schlug ihm vor, er solle sein Leben leben, zuhause wohnen, aber seine Beziehung zu mir abbrechen. Der Gedanke an die Scheidung kam erst kurz vorher, als es nicht mehr ging, ein paar Wochen vorher. 4b/6

(b) Eheträume

Nur die Minderheit ist mit der Erwartung in die Ehe gegangen: Wir können uns ja immer noch scheiden lassen. Die meisten sind entschlossen gewesen zu einer lebenslangen Beziehung. Wir lassen uns in die Eheträume hineinführen. Es sind normale Träume, wie sie viele zu träumen wagen.

Ich habe geglaubt, das ist für ewig. 4c/17

Wir haben ganz bewußt geheiratet. Ich wollte eine ideale christliche Ehe führen. 4c/5

Ich habe geheiratet, daß ich ganz alt werde mit ihm, daß ich Kinder habe, und daß wir eine glückliche Ehe führen. Eine Scheidung ist gar nicht zur Debatte gestanden. Für beide nicht. 4c/8

Die lebenslange Beziehung wird auch als ein beiderseitiger Vertrag gesehen, wenn auch manchmal mit Kleingedrucktem.

Meine Einstellung zu meiner Ehe war: ». . . bis daß der Tod uns scheidet.« – Ähnlich einem Gelübde, ein selbst auferlegtes Los, Übernahme einer großen Aufgabe, Wunsch nach einer Musterfamilie. 4c/30

Ich war der Meinung, ein gute Ehe gelingt nur auf christlicher Basis. Und mein Mann hat mir den Anschein gege-

ben, daß er diese Erwartungen erfüllt, weil er, wie ich, stark kirchlich verwurzelt war. Heute sehe ich das als Hochmut von mir, daß man nur als guter Christ eine gute Ehe führen könnte. Ich würde allerdings nicht sagen, es ist gut, mit der Einstellung zu heiraten, daß man sich auch wieder scheiden lassen kann. 4c/14

Andere waren gewillt, mit beiderseitigen Bemühen etwas wachsen zu lassen. Doch stand auch der Gedanke im Hintergrund: Wenn eine Beziehung nicht gelingt, muß es möglich sein, sie zu beenden.

Mir war klar, daß es möglich sein müßte, eine Beziehung, die nicht gelingt, zu beenden. Auf der anderen Seite dachte ich mir, wenn sich beide bemühen, kann auch einiges wachsen. 4c/4

Ausschlaggebend kann auch das Gefühl sein, daß man mit einem Handicap in eine Ehe geht.

Ich wußte, ich bekomme keine Kinder. Ich habe mit der Einstellung geheiratet: ich tue mein Möglichstes, wenn aber mein Mann unglücklich sein wird, daß wir keine Kinder haben können, werde ich die Konsequenzen ziehen. Trotzdem habe ich mit Freude geheiratet, ich habe dahinter gestanden. 4c/15

(c) Ehezwänge

Frustrierend sind all die Berichte, in denen keine freie Entscheidung zur Ehe getroffen werden konnte, sei es um die bürgerliche Fassade aufrechtzuerhalten . . .

Der Druck der Eltern war groß, weil ein Kind unterwegs war; es gab wenig Möglichkeit, darüber zu reden. 4c/23

Als sie ein Kind haben wollte »und dafür den entsprechenden Rahmen« – wollte er sie heiraten. (Sie hatten

vorher schon viel gestritten und waren einander untreu.)
Er war unsicher, wollte nicht heiraten, sie stellte ihn vor
die Alternative Trennung oder Heirat. 4c/38

. . . oder aus einer existentiellen Not heraus:

Ich habe aus Verzweiflung geheiratet, aus Angst. Ich habe
ein Kind erwartet, zuhause hätten sie mich rausgeschmis-
sen. Meine Eltern waren streng katholisch. Da mußten
wir halt heiraten. Wir waren beide zu jung, keiner war
reif für die Ehe. Es war keinem bewußt, was das überhaupt
ist. Ich habe gewußt, daß wir nicht zusammenpassen. Es
war keine Liebe. Ich habe vor der Ehe gewußt, ich hätte
ihn nicht heiraten dürfen. Ich habe eben gehofft, es wird
sich vielleicht zum Guten ändern. 4c/6

Bezeichnend für viele Ehen ist sicher auch, daß es zu keiner Aussprache kommt. Man heiratet, weil man das halt
so macht.

Eigentlich haben wir nicht darüber gesprochen. Es war
das Gefühl, wir heiraten, weil wir uns mögen – aber wenn
es wirklich nicht geht, hat man heute die Möglichkeit sich
scheiden zu lassen, das haben wir uns auch gesagt. 4c/13

Wie man halt so heiratet, es ist alles ganz anders gekom-
men; in derselben Situation würde er sie heute wahr-
scheinlich wieder heiraten. 4c/39

4. Schlußstein Scheidung

(a) Verlust

Mit dem Entschluß zu einer Scheidung wird hart gerungen. Die Gefühle sind kennzeichnend für eine sich ab-
zeichnende Verlustsituation. Wird also die Scheidung

vollzogen, ist der Verlust von Partnerschaft und gemeinsamer Zukunft eingestanden und manifestiert. Die Gefühlspalette im einzelnen:

Enttäuschung/ Trauer

Die Gefühle: eher sehr traurig und enttäuscht, gedemütigt; nicht zornig, nicht rachsüchtig, einfach unendlich traurig. 4d/8

Die Zeit bis zur Scheidung war eine Zeit großer Verzweiflung und Enttäuschung. Damals spürte ich keinen Haß. 4d/31

Verzweiflung/ Sinnlosigkeit/ Verletzung

Verzweiflung. Es war psychisch sehr arg. Egal was passiert wäre, nichts hätte mich erschüttert. Mir war alles egal. Ich war innerlich leer, ich war »daneben«, neben mir selbst. 4d/5

Meine Menschenwürde wurde tief verletzt. 4d/21

Angst

Schrecklich. Ich war fix und fertig. Es gab Drohungen seinerseits, ich habe viel Angst gehabt. Es war eine Zeit mit Zank und Hader und Drohungen seinerseits. Die Zeit bis zur Scheidung war wirklich furchtbar, noch schlimmer als vor der Entscheidung zur Scheidung. 4d/9

Unsicherheit

Die Gefühle waren wechselnd, unsicher, ich war hin und hergerissen: Die große Frage: was kommt dann? . . . Eigentlich müßten wir ja miteinander auskommen – an wem liegt es? Ich hatte ein miserables Selbstwertgefühl. 4d/4

Gefühlswechselbäder

Die Zeit bis zur Scheidung war geprägt von Haß, Wut, Verzweiflung, Angst, Ungewißheit, Verlorenheit, Streit mit ärgsten Schimpfworten, Scham und Sprachlosigkeit. 4d/32

Resignation/ Depression/ Suizidabsichten

Depressive Gefühle: »Was hat die andere Frau, das ich nicht habe?« – »Warum versteht er mich nicht?« 4d/22

(Es war ein) großer Druck von (den) Eltern; Selbstmordgedanken (»am besten, du ramst di weg!«); ich war froh, allein zu sein. 4d/23

Hoffen gegen die Realitäten.

Verzweifelt; »nicht aufgeben!«; Mann wurde beeinflußt von seiner Mutter, Großmutter, Bruder u.Arbeitskollegen – ich war ratlos dagegen; wir lebten drei Jahre getrennt, ich hab dennoch gehofft. 4d/24

Ich hatte Depressionen, Selbstmordgedanken, war in einer fürchterliche Lethargie. Dann bin ich einem Mann begegnet aus der Verwandtschaft – nicht die große Liebe. Mir ging es so schlecht und ich habe mich an ihn gelehnt. Daraus ist etwas gewachsen, was mich wieder hat aufleben lassen. Ich glaube, sonst wäre ich gestorben. Es war wie ein Aufblühen, ein Geschenk Gottes – und ich hatte kein schlechtes Gewissen. Das hat mir Kraft gegeben zum Widerstand gegen meinen Mann, zum Arbeiten. Angst hatte ich nur, mein Mann könnte es entdecken, so ist die Beziehung untergegangen. 4e/14

Die eigenen Rettungsbemühungen schlagen fehl.

Ständige Diskussionen: noch einmal probieren, es muß

sich etwas ändern; jeder minimale Versuch gescheitert; sehr nervenaufreibend. 4d/3

Es kommt trotz der Enttäuschung auch zu einer Reflexion und einem Fortschritt.

Es war eine Reflexion über die Ehe und ihre Phasen und auch die Zeit zuvor – wie lange ist es gut gegangen. Wir haben keine Schwierigkeiten gehabt, den Alltag miteinander gemeistert. Wir waren für viele ein Vorbild einer guten Ehe – kein Krach. Irgendwann habe ich für die Jugendgruppe über Partnerschaft gelesen, und da war eine Diskrepanz: Ich erzähle etwas, das ich gar nicht lebe. Das war eine Disharmonie, und dies wollte ich ändern. Allerdings kam mit meinem Mann darüber kein vernünftiges Gespräch zustande, ich hatte das Gefühl, er versteht mich nicht. Ausschlaggebend war dann, daß er in einem solchen Nicht-Verstehen-können handgreiflich geworden ist. Das war ein Bruch: ich habe mich nur noch allein gemüht und nicht mehr gemeinsam. 4d/15

(Ich habe) einerseits dauernde Spannung und Enttäuschung, andererseits zunehmende Selbständigkeit (erlebt). 4d/1

So kommen Geschiedene zu dem Schluß:

Die Aussicht auf ein Ende der Ehe, die längst keine mehr war, war sehr positiv; neue Lebenspläne. 4d/39

Neue Lebensfreude, aber auch die Frage, ob Scheidung ein Handeln gegen ein menschliches Naturgesetz ist, oder aber Wiedergewinnung der Freiheit, die man in der Ehe aufgibt. 4d/42

(b) »Prozeß«

Mit dem Prozeß findet das Scheitern im Aussprechen der
Scheidung ein vorläufiges Ende: Zwei Drittel der Befragten berichteten uns von einer einvernehmlichen Scheidung, der meistens ein Verzicht auf gegenseitige Ansprü-
che vorausgeht. Das zwingt viele, wieder von vorne anzu-
fangen.

*Der Prozeß direkt war eher friedlich. Es gab geringe Kon-
flikte, wir haben verschiedene Anwälte gehabt, aber es
war eine einvernehmliche Scheidung. Den Prozeß habe
ich erlebt wie ein Theaterspiel. Ich bin da drinnen gesessen und es ist mir so unwirklich vorgekommen, daß jetzt
alles aus sein soll. Vielleicht habe ich mich unbewußt ab-
geblockt, sonst hätte ich das vielleicht gar nicht ausgehal-
ten. Ich habe den Mann ja zwanzig Jahre gekannt und die
Scheidung gar nicht gewollt.* 4f/8

Die Scheidung ist jedoch im Empfinden der Betroffenen
keine eigentliche Bewältigung.

*Die Sachlage wäre gesetzlich eigentlich Alleinverschul-
den der Frau gewesen. Aber meine Schuld steht nicht in
Gesetzen. Ich habe keinen Rechtsanwalt gehabt. Es war
eine einvernehmliche Scheidung. Die Scheidung war für
mich eine Farce. Es ist völlig unwesentlich, was der Rich-
ter sagt. Die eigentliche »Scheidung« war, als mich meine
Frau verlassen hat.* 4f/5

*Einvernehmlich, eine Viertelstunde, »vielleicht wird es
zu einfach gemacht«.* 4f/38

Die übrigen erzählen von Auseinandersetzungen, die
nicht nur vom Zeitaufwand her langwierig waren. Gerade
diese Auseinandersetzungen lassen schmerzende Wunden
zurück.

*Daß die Kinder miteinbezogen wurden, war für beide Ehe-
partner schmerzhaft.* 4f/11

*Es gab große Konflikte und Auseinandersetzungen, laut
und gehässig, unruhig.* 4f/13

*Der Mann wollte die Schuld auf mich schieben. Sein An-
walt hat mich beschuldigt, ich hätte Männer mit nach
Hause genommen. Schlimm ist es dann, wenn es um die
Kinder geht.* 4f/17

(c) Erste Bewältigungen

Die Zeit kurz nach der Scheidung wird sehr ambivalent erlebt. Für diejenigen, die schon in der Ehe eine Phase der
Trennung und der Ablösung erlebt hatten, kommt nun
eine Erleichterung. Es können die ersten Schritte der Bewältigung gesetzt werden, oft in eine unsichere Zukunft
hinein.

*Eine riesengroße Erleichterung empfunden, die Streitig-
keiten sind weggefallen. Das halbe Jahr bis zur Scheidung
war sehr, sehr nervenaufreibend und fürchterlich. Das
Jahr danach bin ich richtig aufgelebt, froh, daß alles hinter mir ist.* 3a/12

*Froh, neues Leben zu beginnen; kein Druck mehr; ehr-
liche Entscheidung – besseres Gefühl.* 3a/20

Andere sehen sich massiven Problemen ausgesetzt. Hier-
bei unterscheiden wir in materielle und in physisch-psy-
chische Problemfelder.

*Ich war allein mit den Kindern, habe sehr wenig Geld ge-
habt. So habe ich vier Jahre bis zur Scheidung gelebt. Ich
bin dann schon ein Jahr arbeiten gegangen. Er hat solange*

mit der Scheidung gewartet, bis er nichts für mich zählen mußte. Am schlimmsten war die Zeit am Anfang, als ich von der anderen Frau erfuhr. Die Kinder sind in dieser Zeit mit dem Vater immer auf Urlaub gefahren. Gefühle wie Haß, Sinnlosigkeit. 3a/17

Es kam zu einem seelisch-körperlichen Zusammenbruch nach zwanzig Jahren enormer Belastungen. Die Scheidung war eine Erlösung, die Hoffnung auf einen Schluß-punkt. 3a/14

Ich habe enorme psychische Probleme gehabt und bin dauernd krank gewesen (Verkühlung, Übelkeit). Ich habe versucht, mich viel zu beschäftigen, um nicht in Selbst-mitleid zu versinken. Ich habe auch viel zu tun gehabt, als ich umgezogen bin. Meine Lebenseinstellung war: nicht versinken. Ich habe mir nicht gestattet, mich gehen zu las-sen. Dadurch habe ich wieder zu meiner alten Fraulich-keit gefunden. 3a/9

Die Unsicherheit in vielen Dingen des alltäglichen Lebens leitet sich ab von der großen Unsicherheit, die durch das Scheitern des eigenen Lebenskonzeptes entstanden ist.
Unmittelbar nach der Scheidung fühlte ich Scham und Niederlage. Ich wollte eine »Musterfamilie« – daraus wurde ein Chaos. Warum? Was war falsch? 3a/30

Ich habe die Schuld eher bei mir gesucht. Welchen Fehler habe ich gemacht? 3a/8

Unmittelbar nach der Scheidung ist es mir gut gegangen. Einerseits war ich den ständigen Druck und die Angst los, andererseits begann eine Zeit einer großen Orientie-rungslosigkeit. 3a/31

Einige hatten sich schon vor der Scheidung de facto getrennt, sodaß die Scheidung keine merkliche Veränderung brachte.

Ich habe keinen Unterschied gesehen zwischen der Zeit, wo ich ausgezogen bin und ich dann gerichtlich geschieden wurde. Meine jetzige Frau konnte ich heiraten. 3a/33

Charakteristisch für eine solche Situation des Verlustes kann sein, daß eine Menge Aktivitäten begonnen werden. So wird der Schock stückweise an sich herangelassen. Es ist eine Schutzfunktion zum Überleben.

Es war eine ganz extreme Situation, weil die Verarbeitung für mich psychisch und hauptsächlich religiös ein ganz arges Problem ist. Ich habe mich bemüht, viel für andere zu machen und so die Schwierigkeiten wegen der Scheidung zu kompensieren. 3a/5

Ich habe ein ganz neues Leben begonnen. 3b/43

Für die meisten unserer Gesprächspartner bleibt dieser euphorische Ausspruch nur ein Teil der Wahrheit. Sie tragen schwer an den Altlasten des Scheiterns und der Scheidung. Oft genug überdecken diese Lasten den Blick auf die neuen Möglichkeiten und Chancen.
Einige haben alte Beziehungen wieder aufgenommen, die sie durch die Ehe vernachlässigt hatten.

Rückkehr in Pfadfindergemeinschaft; sehr gut aufgenommen. 3b/20

Ein Konsequenz aus der neuen Situation des Übrigbleibens eines Elternteils als Verantwortlicher für die (Rest-) Familie ist die Suche und Übernahme wenigstens einer Teilzeitbeschäftigung.

Erneuter Einstieg ins Berufsleben, nun nicht mehr ange-
stellt: Nach einiger Zeit in der Ehe habe ich den Beruf auf-
gegeben, trotz daß keine Kinder vorhanden waren (Gäste
versorgen). Nach der Scheidung habe ich mich auf eigene
Füsse gestellt, ein eigenes Geschäft eröffnet. 3b/15

(d) Kinder

Kinder waren ein indirekter, auslösender Faktor für die
Scheidung. 3c/3

Gründe für eine Scheidung sind ungewollte Kinder,
ebenso wie ersehnte.

Im letzten Jahr versteckten sich beide hinter der Maske
der Liebe, Auseinander-Leben, der Zustand wurde uner-
träglich; beide wollten Kinder, bekamen keine, trotz Be-
handlung. 4a/40

Wir hatten nichts Gemeinsames, unsere Interessen wa-
ren sehr verschieden. Eigentlich wollte ich gar nicht hei-
raten. Ein Kind war unterwegs. Mir ist gar nichts anderes
übriggeblieben. Ein uneheliches Kind war in unserem
Dorf eine große Schande und für meine Mutter undenk-
bar. Mein Mann hat mich für sein Geschäft als Verkäufe-
rin und als eine Frau zum Kinderkriegen gebraucht. So
wie man diesen Tisch zum Essen braucht, hat er mich ge-
braucht – wie einen Gegenstand. Es war kein Zusammen-
leben mehr. 4a/43

Bei einer genaueren Betrachtung wird deutlich, daß immer wieder die Ehe wie auch die Kinder zu einem Mittel
zum Zweck werden. Sie werden benutzt als ein Mittel zur
Selbstverwirklichung, oft zum Ausbrechen aus einengen-
den Familienbanden.

Ich wollte von zu Hause (Vater) weg und mein Zusammenleben mit einem Freund und meiner Heirat waren für mich eine Chance dafür. Wir sind zuerst in unserer Entwicklung stecken geblieben und dann ist einmal unsere Entwicklung auseinandergegangen. Ich habe mich auf mich konzentriert. Ich hatte auch religiöse Probleme, war sehr instabil und habe sie bis jetzt nicht überwunden. Ich habe mich auf die Füße gestellt und eingesehen, daß ich nur vor etwas geflüchtet bin. Ich hätte jeden geheiratet, um von meinem Vater wegzukommen. 4a/34

Das zweite Kind habe ich bekommen, weil ich etwas gebraucht habe, an das ich mich klammern konnte. Das Kind war mein alles. Als das Kind drei Jahre alt war, habe ich das erste Mal an eine Scheidung gedacht. Ich mußte ständig hören: Wer bist du schon? Was hast du schon gebracht? War ich am Abend müde, hat es geheißen: Andere müssen ja auch arbeiten. Ich habe unaufhörlich wie ein Mann gearbeitet. War ich krank, hat er mich zu meiner Mutter gebracht. Eine kranke Frau konnte er nicht gebrauchen. Meine Mutter hat mich überredet, zurück zu gehen. Nie hat mich jemand gefragt, wie es mir geht und wie ich mit meiner Ehe fertig werde. 4b/43

Die Kinder waren die Leidtragenden wegen des fehlenden Familienleben. 3b/17

Die Kinder verzögern oft den Prozeß der Scheidung.

Es hat fünf Monate gedauert, wegen der Vielzahl der Kinder. Er hat mich oft bedroht und war betrunken. Gefühle: Angst, Bedrohung. 4d/6

Eine Verzögerung, ohne die Kinder wären wir nicht lange zusammen geblieben; die Chaotik musste ein Ende haben, auch wegen der Kinder, allein ging es besser, geordneter, keine Kompetenzstreitereien, die Verantwortung liegt

klar bei einem. Aber: Es gab keinen Streit um die Kinder.
3c/4

Die Scheidung habe ich zehn Jahre aufgeschoben, nicht nur wegen der Kinder, sondern eher wegen der Hoffnung auf die Möglichkeit eines harmonischeren Zusammenlebens. 3c/14

Ich wollte die Ehe aufrechterhalten, wegen der Kinder. Sie galten dann aber für ihn nicht mehr als seine eigenen (sind Adoptivkinder). Ein Kind kann sich gegen eine Scheidung gar nicht wehren. 3c/7

Ein Teil erzählte, daß es keine Auswirkungen gab, weil man sich zuvor mit Ausnahmezuständen arrangiert hatte.

Ich war schon zuvor berufstätig (mein Mann arbeitslos, hat auf die Kinder aufgepaßt). Die Kinder haben geschimpft: Warum habt ihr es gleich so ernst gemacht? Sie haben nicht weitererzählt, daß sie geschiedene Eltern haben. Eine Rolle spielte sicher auch, daß mein Mann öfters einmal weg war, bisweilen eine eigene Wohnung bewohnte; insofern war es kein neuer Zustand, eher eine Beruhigung in einer /nach einer chaotischen Ehe. 3b/4

Die Scheidung geht an einer Familie nicht spurlos vorbei. Eine gewachsene Gemeinschaft wird durch einen Prozeß der Entfremdung und einer zunehmenden Sprachlosigkeit, an dessen vorläufigem Ende die Scheidung steht, zerschlagen.

Gesellschaftlicher Abstieg, finanzielle Schwierigkeiten. Ich mußte unser Haus verkaufen. Unsere Kinder waren dieser großen Nervenbelastung nicht gewachsen. Es kam und kommt immer wieder zu fast haltlosen Handlungen.
3b/30

All die Aussagen, die von einer Erleichterung sprechen sind wohl nur verständlich auf dem Hintergrund der vorausgegangenen Situation und ihrer Belastung für alle Beteiligten. Gerade diese Belastungen graben sich tief ein, nicht zuletzt bei den Kindern. Diese stehen den Erleben von Scheitern und Scheidung hilflos gegenüber, dem Ergebnis sind sie ausgeliefert.

Die Kinder (damals 9, 11 und 15) waren froh, daß ich mich zur Scheidung entschlossen habe. Der Schritt zur Scheidung war dann eine Erleichterung für sie. Sie haben zu mir eine starke Bindung gehabt, der Vater ist ihnen kaum abgegangen. Der Vater war beruflich immer sehr viel fort. Daran hat sich eigentlich nichts geändert. Sie waren groß genug, sie haben keinen Knacks. Den größten habe ich. 3b/8

Anfangs konnte ich mir nicht vorstellen, daß ich zu den Geschiedenen gehöre. Jetzt finde ich mich immer mehr ab und stelle fest, daß es sehr viele Geschiedene gibt. Um nicht allein im Haus zu sein, führe ich einer berufstätigen Frau den Haushalt und schau auf die Kinder. Der große Sohn hat das Weggehen des Vaters mehr überwunden als der jüngere. Sie erwähnen ihn beide nicht. 3b/35

Die Restteile einer Familie kämpfen dann in vielerlei Hinsicht um das Überleben. Eine positivere Situation wie die folgende bleibt die Ausnahme.

Positive (Auswirkungen), besonders für die drei Kinder (denn der) Mann besuchte Kinder häufiger, zeigte regelmäßigeres Interesse an ihnen als vor der Scheidung. 3b/1

Eine These ist, daß das Fehlen von Kinder die Hemmschwelle zur Scheidung herabsetzt.

Wir hatten keine Kinder – das hat alles viel leichter gemacht. 3c/34

»Wenn die Erde bebt oder der Deich bricht, ist die Lage klar: Bei Naturkatastrophen bringen Eltern instinktiv ihre Kinder in Sicherheit . . . Nicht so bei einer Scheidung, bei der die elterlichen Instinkte zu versagen scheinen. Die Kinder kommen erst einmal aufs Abstellgleis, weil die Erwachsenen vorrangig mit eigenen Problemen beschäftigt sind«.[7]

Kinder spielen, ob sie wollen oder nicht, eine Nebenrolle als Betroffene. Das hat sich schon in der Frage nach den Auswirkungen der Scheidung auf den Alltag gezeigt. Und auch wenn die Scheidung eine Erleichterung der Situation bringt, unter der vor allem kleinere Kinder prägend leiden, sind die Kinder Opfer, die wenigstens in Familien mit nur einem Elternteil leben lernen müssen. Sie entbehren wesentlich den fehlenden Elternteil in der Ausbildung ihrer Identität. Häufig kommt es zum Verlust des Vaters.
Die Eltern wollen sich mit der Scheidung um einen neuen Anfang bemühen; dabei wird übersehen, daß die betroffenen Kinder diese Chance eines Neubeginns nicht haben. Die Kinder wurden auf jeden Fall als Getroffene in ihrem Leben geprägt. Ihre Kindheit und ihr Erwachsenwerden steht unter dem Schatten der Scheidung.
Durch Kinder und die Frage nach ihrer Versorgung bleibt auch nach der Scheidung viel Streit übrig. Dieser Streit trägt sicher nicht zur Bewältigung bei.

Weil die Kinder mir zugesprochen wurden, hatte mein Mann das Besuchsrecht. Er kam oft und überraschend und hat dann so getan, als ob wir gar nicht geschieden wären und behandelte mich wie einen Besitz. Viel Interesse zeigte er nicht an seinen Kindern. 3c/31

---

[7] Scheidung: Späte Folgen bei den Kindern, in: DER SPIEGEL, 5/1989. – Auch: Wallerstein, J., Blakeslee, S., Gewinner und Verlierer: Frauen, Männer, Kinder nach der Scheidung, München 1989.

Eine Frage ist auch, inwieweit ein Elternteil, dem das Sorgerecht zugesprochen wird, das Kind an sich bindet, in seiner Erziehung die einzige Aufgabe und Identität sieht. Dadurch kann für den Geschiedenen die eigene Bewältigung seines Scheiterns verhindert werden.

Mein Sohn half mir sehr dabei, wir beteten am Abend miteinander und ich erzählte ihm viel von meinen Schwierigkeiten (kindgerecht!). 3c/22

Die Kinder waren das Wichtigste, das aus unserer Beziehung hervorgegangen ist. Ich wollte, daß sie aus unserem Konflikt möglichst schadlos herauskommen. 3c/8

Nur allzu leicht werden Kinder auch zum Druckmittel im Scheidungsprozeß.

Tragisch war, daß die Kinder als Zeugen beim Prozeß auftreten mußten. Überlegung: das Beispiel der Eltern wird schlecht sein für die Kinder. 3c/11

Scheidung nur, wenn die Kinder alle bei mir bleiben. Sonst hätte ich lieber alles ertragen. 3c/6

(e) (Körperliche) Folgen

Ich habe zehn Kilo abgenommen. Bis zwei Monate nachher habe ich Hoffnung gehabt, daß die Ehe weiter besteht; daß er bleibt bzw. zurückkommt. 4d/7

Scheidung hat körperliche Folgen. Davon berichteten uns die meisten Betroffen, auch wenn sie den Arzt gemieden hatten. Immer wieder wurde eine nervliche Belastung hervorgerufen.

Die Spannungen haben sich nervlich niedergeschlagen,

*sodaß ich kaum belastbar war. Eigentlich ist es mit der
Zeit geheilt, wie bei jeder anderen Krankheit auch.* 3e/15

*Ich wäre auf ärztliche Hilfe angewiesen gewesen, habe
aber keinen Arzt aufgesucht. Ich litt an Schlaflosigkeit,
Depressionen, Angstzuständen und war ständig sehr er-
regt und zerfahren.* 3e/31

*Ich war ständig auf ärztliche Hilfe angewiesen. Ich litt im-
mer unter Ruhelosigkeit, Depressionen und Magenge-
schwüren. Mein Arzt hat mir zur Scheidung geraten.* 3e/43

(f) Beruhigung

*Nach der Scheidung veränderte sich nichts mehr, weil der
Mann ohnehin zwei Jahre davor bereits ausgezogen war.*
3f/1

*Eigentlich war das Leben nach der Scheidung normaler
als zuvor, schlimmer als in der letzten Zeit der Ehe konnte
es nicht werden.* 3f/4

*Scheidung war kein so umwerfendes Ereignis, Leben ist
also immer normal gewesen; die Umstellung war positiv.*
3f/42

Diese Aussagen sind die Ausnahme. Für die meisten ist
eher charakteristisch folgende Aussagen:

Mein Leben verläuft noch lange nicht normal. 3f/32

*Nix ist normal, es kann auch nicht normal sein bei dieser
Vergangenheit.* 3f/36

Die Geschiedenen erzählen von Zeiträumen von ein bis
zwei Jahren, die sie zur Neuorientierung benötigten.

Für mich hat sich alles grundlegend geändert, sofort. Ich habe mich immer sehr viel beschäftigt und mir nie gestattet, mich gehen zu lassen. Aber den Status des Geschiedenseins habe ich wahrscheinlich nur verdrängt, nicht bewältigt. Ich glaube, das kann ich nicht allein. 3f/9

Äußerlich war alles mit der Wohnungssuche abgeschlossen, der seelisch-nervliche Heilungsprozeß hat zwei bis fünf Jahre gedauert. 3f/15

Einigermaßen normal ist mein Leben seelisch nach ca. einem Jahr verlaufen nach innerem Rechnungshofbericht; finanziell wird es erst nach 15 Jahren sein. 3f/30

(1) Allein-leben-lernen
Es gibt drei Möglichkeiten der Lebensgestaltung nach der Scheidung: (A) mit einem neuen Partner zusammenleben oder wieder heiraten, (B) allein leben lernen sowie (C) die verrückte Hoffnung auf das Wiederzusammenfinden mit dem früheren Partner.
Bei der zweiten Möglichkeit spalten sich die Geschiedenen in zwei Gruppen, die ungefähr gleich stark waren: Eine Gruppe will allein weiterleben und so gut wie irgend möglich den Rest des Lebens bestreiten. Hier ist ein Stück Resignation oder mangelndes Zutrauen zu einem Neubeginn zu finden. Aber es wird auch gesagt, daß das Alleinweiterleben eine notwendige Konsequenz angesichts der Tragweite ihres Scheiterns ist. Zumindest ist das Alleinelebenlernen eine wichtige Phase für die Zukunft.

Nicht sofort in eine neue Partnerschaft stürzen. 5b/3

Der erste Gedanke war allein zu leben, so wie früher, nur mit Kindern. Sicher bin ich mir, daß ich nicht wieder heiraten möchte. Das Wiederzusammenfinden haben wir probiert. Doch wir hatten einen Punkt erreicht, an dem es kein Verständnis und kein Auskommen mehr gab. Wir waren zusammen in der Familienberatung, haben versucht miteinander weiterzugehen, sonst wäre auch unser zweites Kind nicht auf die Welt gekommen. Wir haben uns auseinanderentwickelt, besser: er hat ab einem bestimmten Punkt aufgehört mitzuarbeiten. Ich kann nicht allein an einer Beziehung arbeiten – die Beziehung ist tot, wenn sie nicht mehr wachsen kann. Das Nicht-mehr-miteinanderauskommen verpestet das Klima. Die Frustrationstoleranz ist zu Beginn sehr gering, die Persönlichkeit ist flexibel und es gibt Wandlungsmöglichkeiten (bei beiden), von denen man vorher nichts ahnte. 5b/4

Da kann ich nur spontan sagen: Allein leben lernen ist ziemlich das Wichtigste. Auf Hoffnungen soll man sich lieber nicht einlassen. Besser ist, man lernt einmal allein leben. Auch wenn man verheiratet ist, soll man sich darauf einstellen, daß man vielleicht einmal allein leben muß. 5b/8

Die Kinder werden größer und gehen weg. Plötzlich kommt die Torschlußpanik: Und was wird mit mir? Der Herrgott kann doch nicht zulassen, daß ich mein Leben lang allein bleiben muß! Es ist dann einfach schön, eine andere Beziehung aufzubauen. Für mich war es ein ganz neues Gefühl, daß Liebe schön sein kann, und nicht nur sieben Jahre Pflicht und Muß. Man glaubt, man hat das ganze Leben was versäumt. Es war mit meinem Glauben nicht vereinbar, aber es kommt die Zeit, wo einem das egal ist, komplett egal. Man steckt die Glaubensauffassung eine Zeit zurück, man genießt einfach, daß man einen neuen Partner hat. Doch dann drückt es wieder so hart, daß ich nicht zu den Sakramenten gehen kann. Die seelischen Konflikte kann man fast nicht wiedergeben. Die zwei Jahre haben mich fast umgebracht. Gerade in so einer Zeit bräuchte man die Hilfe von einem Priester oder Theologen. Ich kann ohne den Mann leben, aber nicht ohne Herrgott. Es ist schwierig wegen der verschiedenen

Kinder. Aber wenn man einen Partner findet, wo wirklich alles paßt – ich weiß nicht – ob man es von der Kirche her nicht tolerieren sollte? 5b/6

Ich versuche momentan, allein leben zu lernen. Für eine neue Verbindung wäre ich seelisch und finanziell eine zu große Hypothek. 5b/30

Allein leben lernen finde ich günstig, weil man Zeit hat zum Nachdenken und zum Sich-selber-finden. Ich habe mich für einen neuen Partner entschieden, weil es schön ist zu zweit durch's Leben zu gehen. C kommt für mich nicht in Frage. 5b/43

Prinzipiell wäre für mich die Möglichkeit, eine neue Verbindung, auch ohne Rücksicht auf die Kirche, gegeben gewesen. Das Wiederzusammenfinden war dann auch für mich aussichtslos. 5b/12

Für einen Teil der Alleinlebenden kommt eine neue Partnerschaft aus religiösen Gründen nicht in Frage.

Ich habe allein leben gelernt und sehne mich doch nach einem Partner. Keineswegs möchte ich in wilder Ehe leben. Das ist für mich Sünde. Ich vertraue darauf, daß Gott für mich sorgt und daß er mir, falls ich nicht allein bleiben kann, auch einen Partner zeigt. Dieser sollte auf jeden Fall gläubig sein. 5b/31

Standpunkt der Kirche ist mir sehr wichtig. Katholisch und geschieden paßt eigentlich nicht zusammen, ich habe es leider nicht geschafft. Beurteilung von A: Ich hätte nicht den Mut, es gäbe wieder Probleme. B: Wenn schon Scheidung, dann besser allein leben lernen. C: Wiederversöhnung wäre denkbar gewesen, aber schwer (er ist bereits wiederverheiratet). Es ist wahrscheinlich nicht das

Richtige gewesen, vielleicht nicht gelungen. Wirklich eine verrückte Hoffnung. 5b/11

(2) Partner-bedürftig
Die andere Gruppe besteht aus denen, die sagen, um das Leben zu bestehen, brauche ich einen Partner.

Mir war klar, daß ich nicht allein leben wollte und ich habe auch bald jemanden gefunden. Allein-sein würde mich wieder treffen. Heute könnte ich sagen, ich probiere es auch allein, in der Kirche, im Glauben. 5b/13

Vorerst versuche ich allein zu leben. Wäre eine Frau bereit zu mir zu ziehen, eine die mich liebt, wäre ich der glücklichste Mensch. 5b/47

Ich habe mich für einen neuen Partner entschieden, weil es schön ist, zu zweit durch's Leben zu gehen. 5b/43

Ich hatte aber immer Sehnsucht nach einem neuen Partner, da war mir die kirchliche Konsequenz relativ egal. 5a/15

Zukunftstraum: Wieder kirchlich heiraten. Ich bin der Typ, dem ohne Partner etwas fehlt. 5b/20

5. Der bleibende Gewinn aus einer Scheidung

Wir haben die Geschiedenen gefragt, was sie für sich an Erfahrungen gewonnen haben.

Höchster Gewinn ist Selbständigkeit – Selbstwertgefühl gestiegen – meinem Mann gegenüber hatte ich nie Schuldgefühle, nur den Kindern gegenüber. 6a/1

*Die Ehe war zu schwer für mich und das mußte ich än-
dern. Heißt einander lieben auch schon zur Ehe fähig
sein? Es bedarf einer längeren Zeit der Vorbereitung. Es
war ein Lernprozeß mit viel lernen. Glückliche Ehen sind
selten, es kommt auf das Gespür an, ob ich mit dem Partner immer glücklich bin – und da kann ich mich täuschen
– Versuch und Irrtum.* 6a/4

*Die Zeit nach der Scheidung war für meine Entwicklung
vielleicht die wichtigste Zeit in meinem Leben. Meine
Schwierigkeiten, die sich entwickelt haben durch die
Scheidung, habe ich kompensiert durch viel Arbeit und
Leistung, Doktorat, Engagement im Beruf, in der
Pfarre . . . Das hätte ich alles nicht erlebt, wenn ich nicht
geschieden wäre. Vor der Scheidung habe ich die Lehrmeinung der Kirche streng vertreten, daher habe ich mich
auch selbst schuldig gesprochen. Das Wichtigste, das ich
dann gelernt habe, ist Toleranz gegen mich und die Mitmenschen, daß ich mich selbst ertragen und tolerieren
kann.* 6a/5

*Man muß sehr viel runterschlucken können, das man fast
niemandem anvertrauen kann, weil Lamentieren nichts
bringt. Ich muß allein damit fertig werden. Ich darf nicht
umsetzen und grübeln, sondern muß allein mit dem Alltag umgehen lernen. Ich darf die Kinder nicht an mich
binden. Der Staat macht die Scheidung viel zu leicht.* 6a/7

*Es gab gute Momente, nicht nur miese Tage. Ich habe ihn
sehr geliebt. Ich hätte nicht heiraten sollen. Bei der Hochzeit hat keiner mehr überlegt. Es war vorher schon klar,
daß wir zusammen bleiben. Meine Schuld war: ich hätte
früher erkennen sollen, daß es besser gewesen wäre, nicht
zu heiraten. Daß ich nicht genug Kraft für zwei Menschen
gehabt habe, trifft mich zwar, das gibt mir aber keine
Schuldgefühle. Ich hätte die Situation rechtzeitig durch-
blicken sollen. Das empfinde ich als Fehler, immer mehr,*

*je länger die Zeit zurückliegt. Manchmal empfinde ich es
ärger, manchmal als Fehler. 6a/9*

*Vielleicht wäre die voreheliche Erfahrung eine Überle-
gungshilfe gewesen. Die Sexualität ist dabei nicht zu
überbewerten. Es war nachteilig, keine Erfahrung zu haben und damit am ersten Partner hängen zu bleiben. Die
Frau hatte eine führende Rolle und ich konnte mich an sie
halten, anlehnen. Das hat meine Passivität gefördert, obwohl ich nicht hilflos war, ich war kein Hascherl. Manchmal war es gut, daß sie die Führung übernommen hatte.
Ein Buch hat mir dann zu einem unheimlichen Selbstwertgefühl verholfen. Das war ein erster Kipp-punkt – der
Beginn einer Entwicklung zu Selbständigkeit, einer anderen Rolle. Das war der Punkt, an dem sie alles versuchte,
um weg zu kommen. Solange sie der leidtragende und zugleich dominierende Teil sein konnte, hat es funktioniert.
Der Ehepartner kann auch eine Hemmung sein und muß
nicht immer zur Reife führen. So kann auch die Scheidung eine Chance sein, für die ich auch dankbar bin. 6a/12*

*Eigentlich hatte ich aus der Scheidung nichts gelernt,
denn in der nächsten Partnerschaft habe ich die gleichen
Fehler wieder gemacht, erst jetzt habe ich gelernt. Heute
überlege ich ganz anders bei der Partnerauswahl, es ist ein
größere Dimension, auch durch die Glaubensentschei-
dung. Schuldgefühle hatte ich keine – nur mir gegenüber
das Gefühl, daß ich ein minderer Mensch bin, daß das Zusammenleben mit mir nicht klappt. 6a/13*

*Das Leid in meiner Ehe war wichtig zu meiner persön-
lichen Reifung, hat mich weitergebracht in der Ich-Fin-
dung. Ich habe keine Schuldgefühle gehabt, weil ich den
Eindruck hatte, ich habe alles getan, was in meinen Möglichkeiten stand, obwohl ich sagen muß, mein Mann hätte
eine andere Frau gebraucht. Ich war ihm zu unterwürfig.
Nach der Scheidung sollte man die Kinder nicht gegen*

den geschiedenen Partner aufhetzen, sondern versuchen, mit den Kindern einen gewissen Kontakt aufrecht zu erhalten. Ich bin mir sehr betrogen vorgekommen, heute ist mein Inneres versöhnt. *6a/14*

Heute würde ich mich fragen, ob ich nicht zu früh aufgegeben habe. Heute würde ich in eine Beratung gehen. *6a/15*

Mit Schuld leben lernen! *6a/21*

. . . Nie einen Menschen zu nahe, d. h. ohne Sperre herankommen zu lassen, sich vor der Ehe genau prüfen, keine zu großen Gegensätze in der Lebenshaltung, sich nicht finanziell verausgaben, keine Scheinwelt aufbauen . . . Ich war stolz auf meine Familie, unser Haus, die guten Lernerfolge und vieles mehr. Besser wäre es gelaufen, wenn wir aufeinander mehr eingegangen wären. Aus meiner Erfahrung habe ich gelernt, daß Gott in jedem Beisammensein von Menschen die Mitte sein sollte. Der Anfang unserer Beziehung war gut, aber leider war ich durch meine Gefühle, die im Vordergrund standen, geblendet. Mein Mann hätte mich nicht betrügen dürfen. Meinem Mann gegenüber habe ich absolut keine Schuldgefühle. Einzig und allein Gott gegenüber, da viel in dieser gemeinsamen Zeit vorgefallen ist. *6a/31*

Besser wäre alles verlaufen, wenn wir aufeinander eingegangen wären, miteinander geplant und gearbeitet hätten, wenn wir einander das Wichtigste gewesen wären. *6a/33*

Auf Ehrlichkeit würde ich jetzt mehr Wert legen. *6a/35*

Die ersten Jahre waren ganz schön, aber das andere hat dann immer stärker überwogen; wenn er nicht getrunken hätte, wäre alles anders geworden (sie hat sich ihm ver-

weigert, er hat sich andere Frauen gesucht). Damals keine Schuldgefühle, erst später, macht sich immer noch große Vorwürfe: sie hätte mehr sollen in ihn eingehen, sie hätte andere Werte in der Familie und in der Erziehung einbringen sollen (z. B. religiöse, sind zwar in die Kirche gegangen, aber damals ist das alles untergegangen). 6a/37

Es gibt die »immense Gefahr«, Dinge »die einen belasten, nicht mit dem Partner zu besprechen«. Das kann er jetzt viel besser, so wie er es früher nie für möglich behalten hätte, er sieht das als »große Gnade«. Schuldgefühle hat er immer noch, besonders den Kindern gegenüber, das belastet ihn sehr stark (wollte den Kindern familiäre Geborgenheit geben). 6a/41

So, wie ich heute dastehe, das verdanke ich dieser Ehe, besonders die ersten zehn, zwölf Jahre haben mich in meinem Menschsein geformt; Partnerschaft, Kindererziehung waren gut; negativ ist, daß wir keine gemeinsamen Lebensinteressen aufgebaut haben und immer weniger gemeinsam getan haben; daß wir uns so gehen haben lassen und keine Rücksicht aufeinander genommen haben. 6a/42

Nicht zu frühe sexuelle Kontakte – ich war noch ein Kind. Lieber ein Kind allein aufziehen als jemanden zu heiraten, den man nicht liebt. In meiner Ehe ist gar nichts gut verlaufen. Gut ist, daß ich geschieden bin. Ich lebe noch zuviel in der Vergangenheit. Ich versuche nicht zu zeigen, wie mir innerlich zumute ist. 6a/43

6. Mauern, die am Leben hindern

Geschieden-sein wird häufig zu einer Mauer, die allein nicht abzutragen ist. Geschiedene geraten in Isolation, ge-

rade wenn sich das gemeinsame Leben vor der Scheidung
in einer Welt von Paaren abspielte. Andere haben den Anschluß zu Freunden verloren. Nicht selten belasten depressive Rückschläge einen neuen Aufbruch. Diese Mauer
darf auf die Dauer nicht abtrennend bleiben: Wir als pro-
fane und auch kirchliche Gesellschaft haben die Aufgabe,
die Mauer zu sehen. Gemeinsam können Wege gefunden
werden, Mauern abzutragen.

(a) Schuldgefühle

Die eigene Schuld, das Versagen und Scheitern, ist eine
große Belastung. Auch wenn die Geschiedenen von mehr
Selbständigkeit und anderen Fortschritten in der Lebensgestaltung berichten, bleiben immer eine bohrende Unsicherheit und Schuldgefühle zurück:

*Ich bin mir auch jetzt noch meiner Schuld bewußt. Vor
der Scheidung habe ich die Lehrmeinung der Kirche
streng vertreten, daher habe ich mich auch selbst schuldig
gesprochen. Das Wichtigste, das ich dann gelernt habe, ist
Toleranz gegen mich und die Mitmenschen, daß ich mich
selbst ertragen und tolerieren kann. Arg ist die Situation,
wenn man die Achtung vor sich selber verliert, wenn man
sich selber schuldig spricht.* 6a/5

*Nach der Scheidung habe ich keine Schuldgefühle gehabt.
Später ist mir bewußt geworden, daß ich in der Ehe auch
Schuld beigetragen habe: ich habe alles geschluckt, habe
immer nur schlichten wollen, habe mich nie aufgelehnt
und gewehrt, damit es keinen Streit gibt. Das war nicht
gut. Schuldgefühle habe ich dann in der zweiten Ehe gehabt, aus dem Religiösen heraus. Dann ja!* 6a/6

*Wenn man sehr enttäuscht ist, ist es sicher gut, daß man
sich seiner Verantwortung bewußt ist und nicht nur ego-
istisch an sein eigenes verlorengegangenes Glück denkt.*

Man findet sicher einmal ein anderes Glück. Bei mir war von der Erziehung her schon die Selbstdisziplin sehr stark, das positive Denken hat mir viel geholfen.

Vielleicht wäre es anders verlaufen, wenn ich die Gefahr rechtzeitig erkannt hätte. Und wenn mein Mann und ich nicht abrupt zu reden aufgehört hätten. Ich weiß aber bis heute nicht, was ihn so gestört hat, er hat das nie gesagt.

Ich habe diese Schuldgefühle sehr stark gehabt, gerade der Kinder wegen. Daran habe ich sehr lang gekiefelt. Ich habe gedacht, wir haben als Eltern versagt. Die Schuld habe ich eher bei mir gesucht. Vielleicht hätte ich als Frau das früher erkennen und aufhalten können. Ich habe viel darüber nachgedacht und als ich gemerkt habe, daß mich das zerstört, mit vielen gesprochen, mit Priester, Pfarrer, Anwalt, Eltern, Verwandten, Bekannten. Da habe ich dann bemerkt, daß die Schuld nicht so stark an mir liegt. Eine Erleichterung war es dann, als ich gehört habe, daß er die Frau geheiratet hat, mit der er vom Beruf her viel zusammen war. Ich habe erst nach der Scheidung erfahren, daß sie der Grund war, und das hat mir geholfen, von den Schuldkomplexen wegzukommen. 6a/8

(b) Bewährungsprobe für Verwandte und Freunde

Die einzelnen Reaktionen katholischer Freunde und Bekannter auf Geschiedene eröffnet ein weites Feld an Umgangsweisen, die abhängig sind von ihrem eigenen Platz in der Kirche.

Hier möchten wir einige typische Reaktionen auflisten: Es fällt ein entgegenkommendes Verhalten auf:

Die meisten Menschen, die ich kenne, sind Katholiken und ich habe mich von den meisten verstanden gefühlt.
8b/32

Unsere Pfarre, die Gemeinschaft habe ich als tolerant, mitfühlend und verzeihend erlebt. 8b/5

Häufig tritt aber auch eine ablehnende Haltung auf: Diese wird bei einigen Befragten von Seiten der Eltern erfahrbar.

Meine Eltern haben sehr viel gefordert und mich immer verurteilt. »Eine geschiedene Tochter, und dann noch das uneheliche Kind, so eine Schande.« Sie akzeptieren mein Kind aus der 2. Beziehung immer noch nicht. Sie verstehen nicht, einfach einen anderen Menschen zu akzeptieren. Aber es gibt auch nette Menschen. Nach der Scheidung redet man sich auch viel ein, was gar nicht ist. 8b/6

Viele Katholiken zeigen hin auf die Geschiedenen. Warum muß man immer auf eine Gruppe hinweisen? 8b/7

Es gibt immer Leute, die alles besser wissen und Gott für sich gepachtet haben, aber die gibt es überall. 8b/34

Der Großteil der Befragten hat sowohl die eine wie auch die andere Seite kennengelernt:

Freunde haben sich sehr unterschiedlich verhalten: Die einen: »Wir stehen zu dir, es ist deine Entscheidung«; andere haben sich entfernt. Zu manchen ist zwar der Kontakt geblieben, aber keine Vertrauensbeziehung. 8b/15

Die unmittelbare Umgebung hat eine große Anteilnahme an meinem Geschick gezeigt. Von manchen »Freunden« wurde ich enttäuscht. 8b/30

In Heimatpfarre gelassen genommen, manchmal Bedauern, obwohl sie sich nicht arm fühlte. Bei anderen Bekannten: »Als Christ muß man sich das schon überlegen«. Grundsätzlich ist sie auch für den »Bund für das Leben«, aber nicht um jeden Preis. 8b/3

7. Fundament Glauben

Wenn Ehen zerbrechen, so liegen die meisten Betroffenen wie entwurzelte Bäume am Boden. Sie sind ihres Lebensgrundes beraubt worden oder haben sich selbst den Boden unter den Füßen weggezogen. Daraus kann bei Geschiedenen die Erfahrung oder die Ahnung von Gott wachsen, der die Menschen nicht kriechen, sondern aufrecht gehen lassen will. Mit diesem Glauben an die Berufung jedes Menschen zu einem Leben in Fülle, ist es geschiedenen Menschen möglich, weiterzuleben – trotz aller Schuld.
Bis auf einige Ausnahmen war es den meisten Geschiedenen möglich, ihren Glauben positiv darzustellen.

(a) In Gott wurzeln

Der Glaube an einen guten und vergebenden Gott, zu dem man sprechen kann und der Halt gibt, hat trotz der Lebenskrisen – oder gerade deswegen – Platz im Leben. Etwas meditativer wurde diese Tatsache einmal von einer geschiedenen Frau so ausgedrückt: »Unsere Gottesbeziehung ist Frucht unserer Sehnsucht.«[8]

»Glauben bedeutet für mich einen Halt haben.« »Die Messe empfinde ich wie eine Familienfeier, wo alle dieselbe Sprache sprechen.« »Wenn ich Probleme habe gehe ich gerne in die Kirche und setze mich in eine Bank und spreche zu Gott wie zu einem Vater oder Bruder oder Freund.« 7/26

Glaube ist wichtig für mich. Ein gütiger, verzeihender, verständnisvoller Gott; nicht so wichtig ist Gottesdienst,

---

[8] Diese Aussage wurde bei einem Gesprächsnachmittag mit Geschiedenen und Wiederverheirateten gemacht. Veranstalter war das Katholische Familienwerk Österreichs. Die Zusammenkunft war am 28.1.1988.

vielleicht auch weil ich nicht zur Kommunion gehen darf.
7a/17

*Ich glaube an den gütigen Gott. Er hat doch gesagt, wer
von euch ohne Sünden ist, der werfe den ersten Stein.
Darum verstehe ich nicht, warum man uns Geschiedene
so verdammt.* 7a/18

*Der Glauben ist für mich das Wichtigste, deswegen bin
ich gelegentlich ein ziemlicher Zweifler. In ganz grundlegenden Sachen, auch ob es ihn gibt oder nicht. Das war bei
mir so seit der Pubertät. Für mich ist jetzt der Glaube
wirklich Glaube. Oft wird der Satz »Glauben heißt
nicht(s) wissen« als Beispiel für falschen Glauben genannt. Er stimmt aber! Ich glaube an Gott, aber ich weiß
nicht, ob es ihn gibt. Durch den Zweifel ist mein Glaube
stärker geworden (er muß mehr leisten). Gefühlsmäßig ist
für mich Glaube verbunden mit Liebe.* 7a/5

Die Nähe Gottes kann, nachdem sich alle Menschen abgewendet haben, für gebrochene Menschen eine heilsame
Erfahrung sein – nach dem Grundsatz: »Auch wenn ich
tief gefallen bin, aus der Auferstehung Jesu Christi kann
ich als Christ nicht fallen.«[9]

*Wenn alle Personen die Tür zumachen, dann bleibt als
letzter Ausweg nur mehr der Glaube und die Hoffnung,
daß man von oben Trost kriegt.* 7a/7

Menschen, die aus einem katholischen Elternhaus stammen, erzählen von dessen prägender Wirkung auf ihren
Glauben als Erwachsene. Dabei sind jedoch zwei prinzi-
pielle Entwicklungsrichtungen festzustellen. Die einen
wenden sich von ihrem Glauben enttäuscht ab:

[9] AaO.

*Heute (bedeutet Glauben mir) nichts mehr – obwohl ich
eine sehr katholische Erziehung genoß und bis in die frühen Ehejahre in einer kirchliche Gruppe eingegliedert
war.* 7a/1

*Wenn ich ehrlich bin – mir gibt der Glaube überhaupt
nichts . . . Ich fühle mich in der Kirche nicht wohl. Die
Menschen sind mir fremd. Ich glaube, sie kommen sich
besser vor als die anderen. Als wären sie alle aus einer anderen Welt. Das war aber auch vor der Scheidung so. Vielleicht kommt das daher, daß ich aus einem kleinen Dorf
und von einer traditionsgebundenen Familie stamme. Bei
uns war alles Brauch: Das Fasten, das Beten, jeden Sonntag Messe, uns segnen. Das Leben in der Stadt war für
mich eine Art Befreiung. Ich bin überhaupt komplett anders geworden.* 7a/35

Andere hat die Scheidung zum verloren geglaubten Glauben zurückgeführt oder den vorhandenen Glauben intensiviert.

*Es gab für mich eine permanente Entwicklung im religi-
ösen Bereich: Ich stamme aus einem lauen katholischen
Elternhaus, das mir nicht viel gegeben hat, außer verstei-
nerten Formen. Irgendwann habe ich mich dann zu Er-
wachsenenfirmung gemeldet. Da hatte ich noch den Kate-
chismusglauben, aber schon kritisch-kämpferisch. Und
das wurde auch überall akzeptiert, im Betrieb und so. Die
Basisgemeinde war eine glaubensmäßige Wende, ein Verstehen und Eindringen in den Glauben, bis hin zur Litur-
gie. Das war aber auch ein längerer Weg, denn zunächst
habe ich den Priester als ziemlich autoritär empfunden.
Bis ich seine Schwachstellen kennengelernt hatte, merkte
wie menschlich er bisweilen war. Diese Entwicklung hat
sich nach der Scheidung noch intensiviert, weil in der
Runde Menschen waren, die da waren, mit denen man*

sprechen konnte, denen man vertrauen kann, denen man sich aber auch voll geben muß. 7a/12

Der Glaube wird häufig als Halteseil und Lebenshilfe charakterisiert. Unter dem Motto »Christus ja, Kirche nein« wird eine Unterscheidung getroffen zwischen dem Glauben an Jesus Christus und einer Kirche, in der dieser Glaube nur begrenzt lebbar ist.

(Ich habe ein) starkes Dialogverhältnis mit Jesus Christus (auch vom Religionsunterricht her); kein Bezug zu Heiligen; als kleines Kind auswendig beten gelernt; J.C. als Partner meines Vertrauens; Messe such ich mir bewußt aus; es stört mich das Reglementierte in der Kirche (schulmäßig); Kirchensteuer ja, aber keine Zulassung zu Sakramenten (auch nicht Taufpatin) – ist nicht in Ordnung. 7a/21

Als letzte Facette ist noch die Gruppe derer zu nennen, bei denen die Scheidung ihren schwachen Glauben kaum berührt. Zu sehr sind sie von einem lebendigen Glauben distanziert, Diese Gruppe bildet aber bei unseren Interviewpartnern eine Minderheit.

Ich hab mir darüber wenig Gedanken gemacht; der Glaube und Gott sind mir nicht gleichgültig, aber es ist nicht so, daß das mein Leben prägt. 7a/42

(b) Beten – In Beziehung bleiben

Bezüglich der Häufigkeit des Betens in der Zeit nach der Scheidung reicht die Palette von täglich – häufig – ab und zu – selten bis zu nie, wobei sich die meisten Befragten in der Mitte einordnen. Die Tatsache, daß abgesehen von einigen Ausnahmen, alle eine Form des Betens gefunden haben, hängt damit zusammen, daß unter Gebet nicht ein

Nachsagen von Formeln verstanden wird: Gebet ist eine
Art existentieller Reflexion unter den Augen Gottes.

*Formelmäßig nur, wenn ich muß (im Prinzip gut, um Ge-
meinschaft als Gemeinschaft sprechen zu lassen); eher
sagt mir eine persönliche Gesprächsform zu – überall
möglich, vor allem in der Natur; eher keine Veränderung
(mehr Gebet bei extremen Situationen sowohl positiver
als auch negativer Art). 7b/21*

Wenn über Veränderung in der Gebetspraxis gesprochen
wird, dann gibt es grundsätzlich zwei Möglichkeiten: Entweder es wird heute mehr oder weniger als früher gebetet.
Diese Veränderung hängt in nicht wenigen Fällen mit der
Scheidung und der damit verbundenen neuen Lebenssituation zusammen.

*Jetzt bete ich wesentlich häufiger als früher – Not lehrt be-
ten. Das Gebet gibt mir Geborgenheit, es umrahmt meinen Tag. Ich halte mich offen für Gott und bitte ihn in
mein Leben herein. Gebet heißt auch Verantwortung und
Ausschau halten nach seinem Willen. 7b/30*

Daneben werden auch andere Gründe für Veränderung
angeführt:

– Das zunehmende Alter

*Das hat sich schon ein wenig geändert. Ich habe früher
mehr gebetet. Ich war auch früher gläubiger, aber ich
weiß nicht, ob das mit dem Alter zusammenhängt, das
möchte ich nicht unbedingt nur auf die Scheidung zu-
rückführen. Ich habe mich schon ein bißchen verlassen
gefühlt. Ich habe gebetet, aber es ist nicht schöner geworden. Da war ich vielleicht enttäuscht, aber das ist eine
kindische Reaktion. Aber je älter ich werde, desto mehr
denke ich nach, auch über andere Religionen. Wie das*

jetzt ist mit »Gottes Sohn« ist und so, das ist so unvorstellbar für mich. Aber daß er hat kommen müssen, in unsere Welt, das ist mir klar. 7b/8

– Vertiefung des Glaubens

Ja, das hat sich sehr geändert. Ich habe früher auch gebetet und jeden Sonntag die Messe besucht. So richtig Rosenkranz beten habe ich erst mit 35 gelernt. Jedes Vater-unser habe ich bewußt gebetet. Heute kenne ich die Kraft des Gebetes. Ich bete jetzt sehr viel. In der Fastenzeit habe ich jeden Tag einen Rosenkranz gebetet – jetzt einmal in der Woche. In der Fastenzeit nehme ich mir auch vor, täglich ein Opfer zu bringen. 7b/43

– Zweifel

Mit Gott spreche und hadere ich öfters. Je schlechter es mir gegangen ist, umso mehr habe ich mich von Gott in Stich gelassen gefühlt. Dann sind meistens große Zweifel gekommen. Zuletzt wußte ich immer »Er hat mich nicht vergessen«. 7b/32

– die Unmöglichkeit des gemeinsamen Gebets mit dem Ehepartner

Früher häufiger. In der Messe, oder auch vor dem Orgelspielen ein kurzes Gebet. In der ersten Ehe habe ich versucht, gemeinsam mit meiner Frau zu beten, aber das ging vollkommen daneben. Ich wollte eine ideale christliche Ehe führen. Daß das nicht möglich war, war eine große Enttäuschung für mich, hat aber nichts mit der Scheidung zu tun. Was ich auch ganz gerne bete, ist der Rosenkranz. 7b/5

(c) Lebens-Krücken

Menschen in Krisensituationen suchen nach einer Stütze,

die ihnen hilft, Selbstvertrauen zurückzugewinnen und
Mut macht, das eigene Leben in die Hand zu nehmen.
Glauben und Religion unterstützen diese Suche nach Stabilisierung.

Wenn ich nicht weiter gewußt habe, habe ich gesagt: Herrgott, ich kann jetzt nicht mehr weiter und wenn du mir nicht hilfst, dann bin ich verloren. Hätte ich nicht gebetet, ich hätte mein Leben nicht geschafft. Ich glaube, daß mir Gott und die Muttergottes geholfen haben. Mit einem bin ich nicht fertig geworden: Ich durfte nicht zur Beichte. Ich habe auch nicht die Kraft gehabt zur Beichte und zur Kommunion zu gehen. Vier Jahre bin ich mit meinem Mann zu Fuß nach Mariazell gegangen. Es hat mich sehr geschmerzt, wenn die anderen zu den Sakramenten gegangen sind. Im Vorjahr hatte ich dann den Mut mit unserem Pfarrer auf dem Weg nach Mariazell zu sprechen und er hat meine Beichte gehört. Nicht ein Stein, sondern ein Fels ist von mir gefallen. Ich war so glücklich, daß ich es gar nicht sagen kann. 7c/43

– Der Glaube kann sogar soweit reichen:

Ich bin überzeugt, daß mir meinen zweiten Mann der liebe Gott geschickt hat. 7c/19

Der Wunsch nach Unterstützung kann an einen Priester gerichtet sein, oder die Hilfe kommt »von oben«:

Der Glaube gab mir innerlich das Gefühl, daß es gehen wird, »dank der Hilfe von oben«. 7c/22

Der Glaube kann – bildhaft ausgedrückt – sich so darstellen:

Inneres Zwiegespräch und Gespräche mit anderen (Priestern) führen zur inneren Ruhe. Man steht dann über dem

Problem, man hat gelernt, sich abzufinden mit gewissen Dingen. So baut man sich einen Schild auf, wie es bleiben soll. 7c/7

Der Glaube ist für mich eine letztes Gehalten-sein, das mir viel Vertrauen gibt. 7c/15

Mein Glaube hat mich getragen und geführt. Manchmal war mir so, als würde ich auf einem Seil gehen und unter mir ist ein tiefer Abgrund. Ich wußte ich würde nicht hinunterfallen. 7c/32

Entscheidend geholfen hat mir das Gespräch mit dem Priester. Christus hat durch seinen Tod am Kreuz gezeigt, daß er für die Leute da ist, die am tiefsten gefallen sind. Er hat alles ertragen, um die Menschen zu erlösen, die es wirklich nötig haben. 7c/5

(d) Allein-stehen

Gerade durch diese Frage ist zu Tage getreten, wieviele in Zeiten des Scheitern vereinsamen – fast ein Viertel der Befragten.

Kraft hat mir eigentlich niemand gegeben, vom menschlichen, vom seelischen her gab es keine Hilfe. Dieser Mangel ist mir aber erst jetzt klar geworden. Freunde hatte ich keine gehabt. Meine Mutter hat mich unterstützt. Trotzdem war es nicht zum Aushalten. Ich dachte auch an Selbstmord. 3d/13

Niemand, sie war vollkommen auf sich allein angewiesen. Mutter überließ sie mit der Bemerkung »Hast Dir selbst eingebrockt« sich selbst; sie erkannte: wenn sie nichts tut, dann erstickt sie. 3d/3

Die Kirche als Gemeinschaft ist nur in wenigen Ausnahmen eine Hilfe.

Kraft habe ich in der Kirche gesucht. Mit meinem ersten Partner war es mir nicht möglich, am Sonntag in die Kirche zu gehen. Zwei Perioden habe ich beim Pfarrgemeinderat mitgearbeitet. 3d/33

Nur wenn eine persönliche Beziehung zu einem Priester bestand, wird Hilfe in Anspruch genommen. Diese wird dann selten in Verbindung zur Institution Kirche gesehen. Eher ist der Priester auch als ein Fachmann ähnlich einem Psychotherapeuten zu sehen.

Ein Priester, dessen Meinung mir extrem wichtig war. Er war für meine persönliche religiöse Verarbeitung der Wichtigste überhaupt. 3d/5

8. Kirche – Nur ein Stein des Anstosses?

(a) Kirchenerfahrungen

Die erste Reaktion vieler Geschiedener auf die Frage nach der Kirche ist eine Rückfrage: »Welche Kirche meinen Sie?« Hier wird deutlich, daß häufig differenziert wird zwischen der amtlichen Seite der Kirche, wie sie von Papst, Bischöfen und dem kirchlichen Lehramt repräsentiert wird, und den einzelnen Pfarrgemeinden, in denen die Betroffenen integriert oder hineingewachsen sind.

Die offizielle Kirche (»Kirche«) mit ihrer Lehrmeinung, die ich selber bis zu meiner Scheidung ganz stark vertreten habe, ist wie ein Zentner auf mir gelastet, »Du bist verdammt«. Für mich war ganz arg, daß ich zu meiner Bestrafung, daß ich meine Frau verloren habe, die ich geliebt habe, auch noch zusätzlich zu diesem ganz bösen Schlag von der Kirche eine drauf bekomme. Die Verdammung, oder den Ausschluß von den Sakramenten, eine zusätzliche Strafe. Ich wünsche ihnen wirklich nicht, daß sie je

erfahren, was sie an bösem Leid zufügen. Sie würden so er-
schrecken. Das ist so eine Situation, in der du selber genug
gestraft bist. Wenn du dann aber noch zusätzlich den
Hammer von der Kirche draufbekommst, ist das etwas
ganz Grausiges, fast teuflisch. Arg ist es auch jetzt, wenn
wir wieder geheiratet haben. Meine Frau ist auch religiös,
was kann sie dafür, daß sie praktisch in wilder Ehe lebt?
Daß ihr Kind für die Kirche ein uneheliches Kind ist? Ich
trage mein Kreuz, o.k., aber was kann sie dafür? Mir tut
das ja weh, weil ich die Kirche gerne als etwas absolut Gu-
tes sehen möchte. Aber die »Kirche« handelt hier voll-
kommen im Gegenteil zu Christus (Toleranz). Es gibt ein
Gerüst mit festen Dogmen und Lehrmeinungen. Diese
Lehrmeinungen sind wichtig, nicht die Menschen. »Kir-
che« sind alle die Menschen, die diese Lehrmeinungen
vertreten. – Unsere Pfarre ist nicht »Kirche«. 8a/5

Aber selbst die einzelnen Pfarrgemeinden weisen unterschiedliche Verhaltensweisen auf:

Nach Scheidung wieder Anschluß zur Heimatpfarre; kir-
chengehendes Gemeindemitglied; als sie versuchte, mit-
zuarbeiten. Bedenken vom Pfarrer; versuchte bei der Ca-
ritas einen Posten als Kindergärtnerin zu bekommen:
»Leute, die geschieden sind, können kein Vorbild sein«.
Vom Pfarrer enttäuscht in andere Pfarre übergewechselt,
offen aufgenommen von Pfarrer und Gemeinde; sie arbei-
tet dort im Liturgieausschuß, Pfarrcafe, Frauenrunde,
Spielmusik mit, schreibt Texte für die Messe. Es gibt zwar
unterschiedliche Meinungen bezüglich Scheidung, aber
man akzeptiert den anderen. 8a/3

Die positiven Erlebnisse mit und innerhalb der Kirche
sind zwar vorhanden, aber eher rar gesät:

Kirche habe ich als ein Zuhause erlebt. Ich habe immer
ihre Nähe gesucht. 8a/30

Die Kirche ist für mich ein Zufluchtsort, den ich immer dann aufsuche, wenn ich in Not bin. 8a/32

Die Kirche habe ich wunderbar erlebt. Ich bin genauso als geschiedene Frau in die Kirche gegangen und habe mir gedacht: Unser Herrgott hat so vielen Sündern verziehen, warum sollte er mir nicht verzeihen? 1987 haben wir geheiratet. Am Vorabend sind wir zur Beichte und zur Kommunion gegangen. Sehr viel hat uns bedeutet, daß unser Herr Pfarrer beim Hochzeitsessen dabei war. 8a/43

Priester werden auch als wertvolle Gesprächspartner erfahren.

Der Kontakt zu Priestern ist für mich eine persönliche Sache. Über die »Ohrenbeichte« war ich angenehm überrascht. Das habe ich nicht gekannt in der evangelischen Kirche. Ich habe immer gute Erfahrungen gemacht mit der Aussprache. Allerdings hat sich das für mich geändert: es ist nicht die »Beichte«, sondern eher das Gespräch, die Aussprache mit einem Priester wichtig, der mich kennt. 8a/8

In vielen Fällen ist ein ambivalentes bis negatives Verhältnis zur Kirche festzustellen. Die Motive für diese Haltung sind unterschiedlich:

Schon immer haben mich die »Kniescheibenkatholiken« abgestoßen, sie schauen immer nach oben und sehen ihre Mitmenschen nicht. Ich habe aber auch gute Freunde in der Kirche und einen verständnisvollen Pfarrer gefunden. 8a/33

Ich könnte mir vorstellen, wenn Jesus heute lebte, er würde nicht sagen, die Geschiedenen gehören verdammt und sie dürfen nicht zur Kommunion gehen. Mit Schwer-

verbrechern hat Kardinal König in Stein[10] *eine Messe ge-*
feiert und gesagt, Ihr seid Sünder, der Herrgott vergibt
euch. Mit uns Geschiedenen macht er so etwas nicht. Was
für welche Leute sind dann wir Geschiedene? Warum
nimmt man von den Geschiedenen voll die Kirchen-
steuer, wenn man gar nicht will, daß sie reingehn? Die
Kirche will mit mir ja gar nichts zu tun haben, weil ich
eine Sünderin bin. 8a/18

Die katholische Kirche habe ich sehr negativ erlebt. Sie
kommt mir sehr scheinheilig vor, sie sieht nicht den Men-
schen in seiner Not und weicht Problemen aus. Am lieb-
sten sind ihr »fromme« Menschen, die treu zu ihr halten,
nicht nachdenken und alles in Ordnung finden, was ihre
Priester sagen und tun. 8a/31

Ich wollte keine Hilfe in Anspruch nehmen, genierte
mich. 8a/25

Menschen fühlen sich durch die Scheidung mit einem Ma-
kel behaftet, das sie von der Kirche ausschließt.

Allgemein ist man als Geschiedener von gewissen Sachen
ausgeschlossen, was ich nicht akzeptiere. Wenn auch
nicht von beiden Partnern die Scheidung angestrebt
wurde, haben doch beide einen Punkt, der ihnen bleibt.
Persönlich fühle ich mich nicht gekränkt oder ausge-
schlossen, aber man bleibt immer ein Geschiedener, das
bringt man nicht weg. Es gibt nichts, was man über dieses
Merkmal (geschieden) stellen kann, daß man das weg-
bringt. Von der kirchlichen Seite absolut nicht und von
der gesellschaftlichen Seite sehr schwer. 8a/7

In einigen Fällen war die Scheidung ein indirekter Weg zurück in die Kirche . . .

10 Haftanstalt für Schwerverbrecher

Die Scheidung führte sie indirekt wieder zur Kirche zurück – weil sie während der Ehe keine Möglichkeit hatte, sich kirchlich zu engagieren und das aber nach der Scheidung wieder versuche. 8d/3

Mein Verhältnis zur Kirche ist durch meine jetzige Frau weit intensiver geworden. 8d/33

. . .oder es wurde bewußt nach einem neuen Zugang gesucht:

Seither habe ich mehr Kontakt zur Kirche. An sich bin ich sehr gläubig erzogen worden. Für mich war logisch, daß ich in die Kirche gegangen bin. Das Wort des Priesters war für mich Gesetz. Zur Zeit der Ehe bin ich dann nicht in die Kirche gegangen, habe aber meinen Glauben nicht verloren. Es war aus Bequemlichkeit, der Mann ging nicht, und unseren Pfarrer konnte ich nicht leiden. Seit einiger Zeit nach der Scheidung gehe ich wieder in die Kirche. Außerdem habe ich einen Priester kennengelernt, durch den ich der Kirche wieder näher gekommen bin. Seither bin ich viel mehr integriert. Die Scheidung spielt aber keine Rolle in meinem Verhältnis zur Kirche. 8d/9

(b) Erwartungen an Seelsorge und Ehepastoral

Auch wenn sich viele Geschiedene aus der Kirche ausgestoßen fühlen bzw. durch eine Wiederheirat tatsächlich aus der vollen kirchlichen Gemeinschaft ausgeschlossen sind, ist das Verlangen nach Annahme, Begleitung und Mitarbeit in den Pfarrgemeinden massiv vorhanden. Auch dann, wenn sämtliche Türen in der Kirche vor ihnen zugeschlagen werden, bleibt der Wunsch, ihr Leid in der Kirche deponieren zu können.

An Kirchenrecht und (Sexual-)Moral werden folgende Forderungen gestellt:

Ehe besteht nicht nur aus dem Sex. 8c/17

Die Sexualität wird zu groß geschrieben. Es müßte in der Beratung toleranter gehandhabt werden. Ich würde heute nicht heiraten, ohne die Erfahrung der vollen Sexualität. 8c/14

Den Menschen sehen (kein Hack'l ins Kreuz!); Kirchenrecht dem Zeitgeist anpassen (ist 100 Jahre hinten nach), z. B. berufstätige Frau = neue Situation; auch Laien sollen amtlich tätig sein (auch Verheiratete!). 8c/20

Die »Gesetzesproblematik« hat noch eine weitere Dimension: Es ist oft nicht eindeutig, ob die Menschen tatsächlich unter den lehramtlichen Aussagen leiden oder ob sie sich nicht vielmehr von ihren eigenen unbearbeiteten Schuldgefühlen und selbst auferlegten Verboten gefangennehmen lassen.
Der Wunsch nach einem Gesprächspartner, der in vielen Ehen vergeblich erhofft oder gesucht wird, kehrt bei den Befragten oft wieder. Die Beichte als eine Form der Aussprache wird dann häufig genutzt. Darüber hinaus ist aber Mißtrauen Priestern gegenüber aufgrund eines angeblich mangelhaften Verständishorizontes zu beobachten.

Von Seelsorgern – Priestern und Laien – erwarte ich Verständnis, daß sie den Menschen Hoffnung geben, sie nicht allein lassen, Hilfe anbieten und jeden ernst nehmen. Vor allem sollten sie sensibel sein für Menschen, die in einer Not und Krise stecken und auf sie zugehen. 8c/31

Für mich hat es Beichten gegeben, die richtig erlösend waren. Seelsorger reden immer nur vom Ideal, sie machen sich ein falsches Bild von der Wirklichkeit. Es gibt aber sicher welche, die Verständnis haben und zur Realität einen Bezug haben. Ich habe die Erwartung, daß sie realisti-

scher werden und den Menschen mehr helfen zu leben.
8c/34

Es werden »zu wenig Aussprachestunden« angeboten; Priester haben gegenüber Laien mehr Autorität, können größere Sicherheit geben. 8c/38

Eheberatung als Einrichtung ist am Land weniger bekannt als in der Stadt. Es herrscht hier einerseits ein akuter Informationsmangel, andererseits ein mangelndes Interesse bei Ehepaaren in Krisensituationen.

(Ich halte von Eheberatung) wenig, weil sie an die Leute in den entscheidenden Situationen nicht herankommen; »auf so eine Idee kommt man als allerletztes«, daß man sich beraten lassen könnte. 8c/39

Einige der Befragten sprechen aus eigener Erfahrung mit Eheberatung bzw. machen sich Gedanken darüber, wie eine ideale Eheberatung aussehen könnte.

Bessere Eheberatung im Sinne von besserem Kennenlernen der Heiratswilligen und eventuell auch bei offensichtlicher Unreife oder Fehleinstellung einer oder beider Personen den Ratschlag geben, erst nach geraumer Zeit kirchlich zu heiraten. 8c/10

(c) Kirchenverhältnis

Die Beziehung Geschiedener/Wiederverheirateter zu ihrer Kirche ist innerhalb der Kirche ein brisantes Thema. Viele offene Fragen begegnen im Gespräch mit Betroffenen. Die Kirche ist mit einem nicht eindeutig zu behandelnden Konfliktfeld konfrontiert. Wie die Kirche mit diesen Menschen umgeht, macht viele unglücklich. Sind sie im Stand der Gnadenlosigkeit? Worin besteht ihre Todsünde und dauert sie auch dann noch an, wenn ein Mensch

aus einer neu eingegangenen Beziehung nicht mehr weg
kann, weil es Kinder oder andere Verpflichtungen gibt?
Da gibt es zunächst einmal jene Menschen, die unter der
eigenen Erziehung leiden, die ihr Verhältnis zur Kirche
prägt. Andere, deren Lebensunterhalt bis zur Wiederheirat von der Kirche gesichert war und die danach ihre Arbeit im kirchlichen Dienst verloren haben, bekommen
ihre Abhängigkeit von der Kirche besonders stark zu spüren. Menschen sind plötzlich verunsichert und wissen
nicht mehr, ob sie überhaupt noch einen Platz in der Kirche haben.

*Ich habe unheimliche Hemmungen zur Beichte und zur
Kommunion zu gehen. Ich habe das Gefühl, daß ich zum
Ärgernis für die »Normalchristen« geworden bin. Viel-
leicht macht es auch meine Erziehung aus. »Scheidung
gibt es und darf es bei Katholiken nicht geben.« Meine
Kinder gehen nicht mehr in die Kirche. (Ihre Erziehung:
Gott bestraft das Gute nicht! – ein Schlag ins Gesicht.)*
8d/30

*Für mich sind die Auswirkungen katastrophal. Ich darf
nicht mehr Religion unterrichten. Ich bin schon sehr
lange nicht beichten und kommunizieren gewesen. Ich
fühle mich sehr ausgeschlossen. Mir haben auch meine
Eltern und Verwandte in dieser Hinsicht ziemlich zuge-
setzt. Manchmal habe ich auch schon gedacht, zu den
Evangelischen zu gehen. Dort kann ich noch einmal heiraten und kommunizieren.* 8d/34

Im Blick auf die eigenen Kinder muß der eigene Glaube
überprüft werden, denn Kinder stellen gerne schwierige
Fragen und urteilen rasch nach dem, was »man so sagt«.
So wollte ein Kind z. B. von seiner Mutter, wissen warum
sie zur Kommunion geht – das darf sie doch nicht!
Kinder müssen manchmal das Kreuz der Eltern bzw. eines
Elternteils ungewollt mittragen:

Mein älterer Sohn war ein begeisterter und begehrter Mi-
nistrant. Als er nach der Scheidung in die Rorate gegan-
gen ist, hat ihn der Pfarrer gefragt, was er da eigentlich
noch tut, jetzt wo seine Eltern geschieden sind. Das war
für ihn ein Schock. Heute will er nicht mehr allzuviel mit
der Kirche zu tun haben. Und das hat der Jüngere so auch
vom Älteren mitgekriegt. Beide sind heute ziemlich di-
stanziert. 8d/18

Die Scheidung kann sich aber auch auf die erzieherischen
Möglichkeiten auswirken.

Inoffiziell bin ich sehr aktiv geworden, offiziell bin ich
von den Sakramenten ausgeschlossen. Die Kinder (der
zweiten Ehe) will ich religiös erziehen. Am wichtigsten
ist, daß Gott ihnen gnädig ist, daß er tolerant ist und sie er-
trägt. Daß er ihnen die Gnade gibt, ein guter Mensch zu
sein. 8d/5

(d) Neue Wege in der Kirche

(1) Zulassung zu den Sakramenten – Hilfe für die Betroffenen?
Wenn die Kirche nach Umgangsformen mit Geschiede-
nen/Wiederverheirateten, die eine neue Beziehung eingegangen sind, ernsthaft suchen will, dann muß sie sich kon-
sequenterweise die Frage der Wiederzulassung zu den Sakramenten stellen. Tatsache ist, daß bei vielen Geschiedenen Unverständnis herrscht über die teilweise rigorose
Praxis einzelner Pfarren und der Wunsch nach einer ein-
heitlichen Linie laut wird zugunsten der Betroffenen. Daneben besteht die Vorstellung, nicht einheitlich, sondern
individuell zu entscheiden.

Er empfindet Nicht-Zulassung als »ungerechtfertigte Be-
strafung«, es kann nur individuelle Lösungen geben, für
ihn heißt diese: Sakramente ja; er traut sich solche Ent-

scheidungen zu und kann sie vor Gott verantworten. Er hielte es aber für keine Lösung, so lange nach einem Priester zu suchen, bis einer ihm sagt, was er hören will; für ihn sind das Gewissensentscheidungen. 8e/41

Den, der um das Sakrament bittet, würde ich nicht vor die Tür setzen. 8e/31

Viele Geschiedene leiden unter dem Gefühl, ausgeschlossen zu sein – wobei hier die Frage auftaucht, ob die Kirche die Menschen ausschließt oder ob die Betroffenen allein verantwortlich für den Ausschluß sind und sich deshalb abwenden:

Auf alle Fälle, wenn sie es ernst meinen; die jetzige Situation ist ja diskriminierend! 8e/22

Das ist eine Frage! Sowieso! Wer in die Kirche geht, hat eh meist eine Bindung zur Kirche, gerade der leidet dann unter dem Ausschluß von den Sakramenten. Warum diese Leute ausschließen?! 8e/9

In einem Gespräch wurde der Vorschlag zu einer schrittweisen Zulassung zu den Sakramenten gemacht:

Zu den Sakramenten zu gehen, gehört ganz wesentlich zum Mitleben in der Kirche, und das sollte nicht behindert werden. Für einen, der Sehnsucht danach hat, gibt es ja auch in der beschnittenen Situation kein Hindernis. Die Kirche kann wohl eine Zeit des Überdenkens einer Lebensphase von mir verlangen und verordnen (als Bußzeit, auch von der körperlich-seelischen Verfassung ist es ein Bußzeit), eine Zeit des Wiederhineinwachsens in eine Gemeinde. Vielleicht wäre auch eine schrittweise Wiederzulassung (Weihnachten und Ostern) möglich. Aber nur eine Beschneidung auf eine bestimmte Zeit. 8e/15

Die kirchliche Praxis ist für viele Betroffene unverständlich. Dies äußert sich in der häufig wiederkehrenden Bemerkung:

Die kirchliche Handhabe ist unmenschlich. Gott verzeiht, der Mensch nicht. Die Geschiedenen haben Leid erfahren und in diesem Leid habe ich Jesus als Trost erlebt. In der Freude habe ich ihn auch erlebt. Ich fände es unehrlich, woanders zu kommunizieren. 8e/14

Im Wunsch nach der Zulassung zu den Sakramenten der Buße und der Eucharistie wird erhofft, von der kirchlichen Gemeinschaft in der durch Gott bereits erfahrenen Annahme konkret zu erleben.

Andere wissen zu wenig Bescheid über die Praxis der Sakramentenfeier oder suchen selbst nach einer ihnen entsprechenden Form:

Die Kirche kann nur die erste Ehe anerkennen. Aber sie muß sich bemühen, die zweite Ehe gut zu leben, zur Messe zu gehen und zu beten. Sie versucht zu verdrängen, daß sie eigentlich zu den Sakramenten gehen sollte. 8e/38

. . . oder wenden sich völlig von der Kirche ab.

Die Kirche straft, das ist unmöglich, das dürfte sie nicht. Ich bin zu stolz, einfach zu den Sakramenten zu gehen, wenn die Kirche meint, das zu verbieten, der Segen hängt nicht an den Zeichen. 8e/4

(2) Möglichkeit Annullierung

In der Frage der Annullierung ist es besonders schwierig, ein repräsentatives Bild zu bekommen, da diese einer minuziösen Prüfung der Ehe und der Beweggründe für diesen Schritt im Einzelfall bedarf. Ein Mangel an Information oder Eigeninitiative ist kaum festzustellen. Eine Annullierung kam für die meisten Gesprächspartner nicht in Frage aus einer Reihe von Gründen, die zugunsten der ersten Ehe ausfallen. Oft sind es die Kinder aus der ersten Ehe oder die eigene Schuld am Scheitern, die eine Ehe keinesfalls für nichtig erklären können:

War mir bekannt, habe ich aber nie erwogen. Das halte ich eigentlich für einen »miesen Trick«: wenn ich damals geheiratet habe, muß ich mich dazu bekennen. Der Mensch ist nicht anders, er ist durch die Annullierung nicht mehr oder weniger wert. Viel richtiger finde ich, daß man sich bemüht, daß die Scheidungen zurückgehen. 8g/8

Kam für ihn nie in Frage, aus Wertschätzung der ersten Ehe gegenüber. 8g/41

Ich schreibe mir ein gewisses Maß an Schuld zu, daher kommt für mich eine Annullierung der Ehe nicht in Frage. Ich habe diese Möglichkeit doch einige Zeit erwogen, aber ich glaube, es ist nicht möglich. 8g/9

Wäre Verrat an ihrer Ehe. 8g/40

Ich habe die Annullierung erwogen, wegen meiner zweiten Frau und unserer Kinder. Es gibt aber keine sinnvollen Gründe. Ich habe ganz bewußt geheiratet. Ich stehe zu meiner ersten Ehe. 8g/5

Eine Annullierung kenne ich, habe aber bis jetzt nicht erwogen. Meiner Kinder stammen aus dieser Ehe. 8g/31

Warum sollte das keine Ehe gewesen sein, ich habe doch zwei Kinder daraus. 8g/18

Dennoch spielen sich einige Geschiedene mit dem Gedanken an Annullierung:

*Für mich wäre eine Annullierung meiner Ehe schön –
aber ein Wunschtraum.* 8g/30

. . . oder haben konkrete Schritte dahingehend unternom-
men:

*Ja, ich hoffe, daß es positiv verläuft (Priester hat mich dar-
auf aufmerksam gemacht und mir dabei geholfen).* 8g/20

*Angeregt wurde ich durch meine jetzigen Freund: Er hat
mich gefragt, ob ich an Gott glaube? Zwei Monate später
hat er mich gefragt: wie sieht es aus mit einer Annullierung? Mein Freund ist gläubig erzogen worden, er kann es
nur schwer vereinbaren, daß er eine Geschiedene kennt.
Für die Annullierung habe ich ein gutes Gefühl. Ich sehe
es allerdings nicht so, daß mir dort jemand seelisch bei-
steht. Es ist eher eine Zeichen der Macht: Sie haben die
Möglichkeit, das jetzt mit mir zu machen. Es ist eine reine
Geschäftssache – der Anwalt hat mir gesagt, das ist ein
klarer Fall, der ist locker durch zu bringen – warum machen sie dann so ein Theater um die Annullierung?* 8g/13

(3) Kirchliche Scheidung?
Wir haben die Geschiedenen gefragt, ob sie sich ein kirchliches Scheidungsritual (wie es die Ostkirche kennt) vorstellen können. Zwei Drittel der Befragten fanden die Idee
interessant.

*Ich fühle mich nur staatlich geschieden. Für mich bin ich
immer noch die Frau von meinem Mann. Eventuell wäre
es günstig ähnlich wie der Ritus in der Ostkirche: man
müßte sich vor Zeugen zur Scheidung bekennen.* 8f/8

*Ja – das wäre ein interessanter und positiver Schritt zur
Integration Geschiedener in die Kirche.* 8f/2

Einigen, die diese Idee für wertvoll hielten, wären bestimmte Voraussetzungen wichtig:

Ich könnte mir eine Bußzeit vorstellen. Auch eine Bewährungszeit, in der geprüft wird, ob man als Christ lebt und dann könnte man wieder zu den Sakramenten gehen. Ich hätte mir einen kirchlichen Segen für die zweite Ehe gewünschen. So hab ich mir oft gedacht, ich bin ein größerer Sünder als die Schwerverbrecher in Stein. Ich verstehe auch nicht, daß jeder Pfarrer das verschieden handhabt (Zulassung zu den Sakramenten). 8f/18

Bei entsprechender Anhörung bzw. Prüfung des individuellen Falles – ja. 8f/10

Wenn der Papst ja sagt, dann ja; verspreche mir aber nicht viel davon. 8f/24

Jene, die ein kirchliches Scheidungsritual nicht für sinnvoll halten, begründen ihre Haltung folgendermaßen:

Ist gegen die Aufgabe der Kirche. 8f/39

Das Problem für ihn ist dabei, ob es sich mit Glaubensinhalten vereinbaren läßt (biblische Offenbarung über die Unauflöslichkeit der Ehe). 8f/41

Nein. Die Ehe kann nicht die Kirche scheiden. Meine Ehe hat aufgehört zu existieren, es gibt sie nicht, aber sie ist nicht geschieden. (Anm. Stephan: Über eine kirchlich-rituelle Anerkennung der Trennung oder auch Scheidung würde er sich freuen.) Wenn die Kirche etwas anerkennt, ist das immer schön, aber die Kirche kann meine Ehe nicht scheiden. 8f/5

Eher nicht; »Gott verzeiht alles, auch was menschlich unverzeihbar ist – das reicht«. Scheidung ist ja nichts Lustiges – und dann noch ein Ritual? 8f/3

Persönlich nein, denn formale Akte helfen nicht – die innere Bewältigung ist wichtig! 8f/22

9. Grundstein zu neuem Leben

(a) Reifer geworden

Die Hälfte der Interviewten ist allein geblieben, oder lebt mit den Kindern zusammen. Nicht alle sind mit ihrer jetziger Lebensform zufrieden.

Bin sicherer, reifer (»ich kanns nicht mehr ändern!«); die Kinder sind wichtiger geworden. 2a+b/25

Bei meinen Eltern, resigniert, niedergeschlagen. 2a/40

Ich lebe in meinem Elternhaus – es gehört mir – zusammen mit meinem Vater auf engstem Raum. Der älteste Sohn ist vor drei Monaten zu mir gezogen. Ich fühle mich nicht wohl. Mit meinem Vater habe ich mich nie richtig verstanden. Er war immer gegen meine Frau eingestellt. Mit meinem Sohn komme ich kaum in ein Gespräch. Alle irdischen Ziele sind für mich eher verblaßt. 2a/30

Einige blieben eine lange Zeit allein, bevor sie wieder heirateten.

Nach der Scheidung sieben Jahre allein gelebt, jetzt wiederverheiratet. 2a/5

Manche mußten nach einer überstürzten Wiederheirat nochmals Schiffbruch erleiden, mit oder ohne Trauschein.

Allein, mit zwei Kindern. Inzwischen mit einem zweiten Partner verheiratet, aber das war ein Reinfall, vollkommen schiefgegangen. Es ist hauptsächlich um die Kinder gegangen, die er nach der Trauung nicht mehr akzeptiert hat. 2a/7

Fast ein Drittel ist wiederverheiratet. Manche haben auch um eine Annullierung angesucht.

Verheiratet, nach Annullierung der ersten Ehe. 2a/15

(b) Zukunftsvisionen

Wir haben nach den Plänen und Visionen für die Zukunft gefragt: Nicht wenige haben sich entschieden, nach der Scheidung keine neue Partnerschaft mehr einzugehen. Sie sind zu sehr verletzt, es stehen ihnen keine Kräfte für einen Neuanfang zur Verfügung.

Ich suche nicht unbedingt einen neuen Partner, ich fühle mich ganz wohl. Finanziell wäre es besser mit einem Partner. Es wäre auch schön, für einen Mann wieder mehr zu empfinden. Andererseits bin ich so sehr ein gebranntes Kind. Ich würde es mir weiß Gott wie oft überlegen. Außerdem ist meine Scheidung vom Glaubensstandpunkt für mich ein wahnsinniges Hindernis. 5a/9

Ich denke jeden Tag an ihn und frage mich: Was würdest du tun, wenn er wieder dasteht? Eigentlich hoffe ich, daß wir wieder zusammenfinden. Für's erste versuche ich allein zu leben und aus meiner Situation das Beste herauszuholen. Sehnsucht nach einem anderen Partner habe ich nicht. 5a/35

Andere reden nur vom Überleben oder überblicken noch nicht die neue Situation.

Ich bin auf der Suche nach neuen Zielen. Für die Kinder versuche ich alles so erträglich wie möglich zu machen. 5a/30

Ich muß mir alles so einrichten, damit ich leben kann und nicht zugrunde gehe. 5a/3

Andere sehen für sich einen Prozeß der Emanzipation und Reifung, der sie erst zu richtiger Partnerschaft befähigt. Der Grund ihres Scheiterns, so sagen die meisten Betroffenen, war weder ihr Ideal noch der Traum von Partnerschaft, Ehe und Familie. Sie sind an den gemeinsamen Realitäten, ihren Schwächen und Fehlern gescheitert. Jetzt halten sie an ihren Träumen und Idealen fest, wenn auch die Realität einer Verwirklichung zu widersprechen scheint.

Den eingeschlagenen Weg fortsetzen. 5a/2

Ich würde wieder heiraten, wenn ich die Möglichkeit hätte. (Es ist schwer einen Partner zu finden, in meinem Alter, der zu mir paßt.) Trotzdem könnte ich mir vorstellen, auch gegen die Kirche zu heiraten. 5a/14

Zur Zeit lebe ich mit meinen Kindern zusammen. Träume von einem Leben mit einer Frau, die mich versteht und einem gemeinsamen Leben. Dann zweifle ich, ob mich je eine Frau nehmen würde mit zwei Kindern und Schulden. 5a/32

Vor allem die Kinder zu moderner Partnerschaft zu erziehen, die sicher nicht immer nach kirchlichen Grundsätzen ausgerichtet ist. 5a/10

Die erste Phase war das allein leben lernen. Ich hatte aber immer Sehnsucht nach einem neuen Partner, da war mir die kirchliche Konsequenz relativ egal. Mit dem früheren Partner war es aus. 5a/15

Einige berichtet, daß sie bereits das Wagnis eines Neubeginns eingegangen sind. Sie leben in einer neuen Partner-

schaft, die ihnen die Möglichkeit gibt, daß Scheitern aufzuarbeiten.

*Die Pläne haben sich teilweise erfüllt. Ich habe wieder ge-
heiratet, jetzt habe ich die selben Pläne, die ich bei der ersten Eheschließung gehabt habe.* 5a/5

*Daß die Ehe mit meinem jetzigen Mann gelingt, glückt
und wir zusammen Kinder haben werden.* 5a/34

Andere gehen den langen Weg einer Annullierung, der ihnen einen Neubeginn in der Kirche ermöglichen soll.

V. Pastoraltheologische Einsichten

Von Stephan Dinges

1. Scheidung als Realität

Geschiedene/Wiederverheiratete erfahren, daß ihr Leidensweg keineswegs mit der Scheidung endet, wenngleich diese oft ein Umschlagspunkt in ihrem Leben ist: Sie stehen zu ihrem Geschieden-sein, das ist ihre Realität. Sie stellen sich den Widerfahrnissen ihres Lebens, haben Mut bekommen, sich nicht mehr alles gefallen zu lassen.

(a) Neue Lebensmuster

Sie entwickeln aus unentrinnbaren Leiderfahrungen heraus neue Lebensmuster für sich, aber auch zur Bereicherung und kritischen Reflexion der althergebrachten Lebensmuster in Gesellschaft und Kirche. Diese neuen Lebensmuster sind faktisch eine Kritik, die nur schwer angenommen wird. Allzu leicht wird argumentiert, daß diese neuen Lebensweisen ja nur das Produkt einer ganz bestimmten Situation seien und damit nicht zu verallgemeinern sind. Dabei wird übersehen, daß im Scheitern des einzelnen nicht nur eigenes Versagen enthalten ist, sondern auch ein Scheitern am Ideal und an den vorhandenen Mustern. Wenn wir also dem Ideal treu bleiben wollen, ist es an der Zeit, diese von Betroffenen gefundenen neuen Lebensmuster in das Lebenswissen der Gemeinschaft, wenn auch mit kritischer Liebe, zu integrieren.

(b) Integration oder Isolation?

Wer mit Reue und Einsicht in die eigenen Schuldstrukturen, aber auch mit Selbstvertrauen aus der Scheidung hervorgeht, ist fähig, in deutlicher Opposition zu alteingesessenen Lebensmuster zu treten. Reagiert eine Gemeinschaft darauf mit einem Ausgrenzungsversuch – bewußt oder unbewußt, auch aus Angst vor dem Neuen, dem bisher Unkonventionellen, z. B. in der Beziehungskultur – besteht die Gefahr, daß der Geschiedene/Wiederverheiratete sich von der Gemeinschaft zurückzieht, da er keinen Platz mehr für sich und sein alternatives Leben sieht. Denn es ist weniger schmerzhaft, selbst den Schnitt zu tun, als abgeschnitten zu werden.

(c) Schleichender Abgang – Gemeinsame Verdrängung?

Dieser Weggang geschieht oft auch diskret und unbemerkt, indem sich eine(r) langsam, aber sicher absetzt. Durch diesen Prozeß der Ablösung von einer Gemeinschaft wird der Bruch nicht deutlich sichtbar; auch bleibt der wahre Grund unausgesprochen – zumindest für die Gemeinschaft. Meist kann weder auf der einen noch auf der anderen Seite eine Auseinandersetzung stattfinden.

2. Scheidung als Chance

Es gehört viel Mut dazu, als Geschiedene/Wiederverheiratete in der Kirche zu bleiben, in der ein Mensch zum Problem erklärt wird, weil er nicht mehr in ein ideales Schema paßt. Lebensträume zerplatzen, bevor sie eine Chance bekamen, Wirklichkeit zu erlangen. Wir wollen für die Geschiedenen Partei ergreifen, ohne dabei Schuld zu verdrängen. Sie dürfen nicht nur als Gescheiterte gekennzeichnet bleiben.
Für jeden ist aus den Überlebensgeschichten der Geschiedenen/Wiederverheirateten zu lernen, daß auch auf Umwegen das Ziel des Lebens zu erreichen ist – vielleicht kann man sogar auf einem Umweg dem Ideal näher kommen als auf einem idealisierten Weg.

3. Scheitern als Existential

In den Gesprächen wurden immer wieder Grundbefindlichkeiten des Menschen ausgesprochen, Grunderfahrungen, denen sich keiner entziehen kann: Angst und Einsamkeit, Zerbrechen und Versagen, Schuld und Ohnmacht, selbständig werden und reifen. Wir sind darin mit den Geschiedenen verbunden, können bedingt mitempfinden, wenn wir auch die Erfahrung entbehren, daß ein bedeutender Teil unseres Lebensentwurfs mißlingt. Dem Grundproblem, Krisen in Beziehungen und Partnerschaft, stehen wir in gleicher Weise gegenüber: Die Erfahrungen der Geschiedenen/Wiederverheirateten können uns vielleicht vor jener radikaler Zuspitzung, dem Scheitern und der Scheidung bewahren, sie ermutigen uns auf jeden Fall, Lebensmuster für uns zu finden, für unsere blinden Flekken, für unsere »Beziehungsleichen« und für alle jene Anteile, wo der Tod regiert anstatt das Leben. Geschiedene können uns sehr deutlich auf unsere Sprachlosigkeiten und unsere Unfähigkeit zum Dialog hinweisen, da sie darin eine der Hauptursachen des Zerbrechens ihrer Beziehung sehen.

4. Scheidung – ein Phänomen von Willkür in Beziehungen?

Wir haben in unseren Gesprächen Menschen angetroffen, die oft mehrere Jahre mit sich und einer Entscheidung gerungen haben, gewartet und gehofft, sich engagiert haben und dann doch erkennen mußten, daß sie allein die Last nicht tragen können, weil eben zwei zu einer Partnerschaft gehören. Hier wird nicht nach Lust und Laune eine Beziehung beendet, sondern nach langem Ringen ein Scheitern oft widerwillig hingenommen und erlitten. Auch kann man nicht den Menschen den generellen Vorwurf machen, sie seien aus Lust und Laune leichtfertig und voreilig, einfach einmal eine Ehe eingegangen.

(a) Gesellschaftliche Konventionen

Oft haben wir jedoch folgendes Verhalten angetroffen, daß eine Ehe eingegangen wurde, »weil man das halt so macht«. Die gesellschaftlichen Konventionen und Normen sollen erfüllt werden. Uns ängstigen diese pauschalen Erwartungen. Gott geht mit jedem einzelnen von uns seinen eigenen Weg. Wer hat den Mut auch einen Weg anzunehmen, der ein Stück abseits geregelter Normen und Bahnen verläuft? Es sind nicht die einfacheren Wege. Gerade da wo die »gesellschaftlichen Leitplanken« fehlen, muß öfters zur Orientierung innegehalten werden. Wo wird in der Seelsorge der einzelne ermutigt, auch auf unkonventionellen Bahnen seinen Weg zu suchen und zu finden?

(b) Spannungen

Eine Spannung bleibt bestehen: Einerseits die Tendenz, aus bestimmten Faktoren psychischer und sozioökonomischer Art heraus das Scheitern von Lebensentscheidungen und Beziehungen allzu schnell als den Willen Gottes zu deuten, und andererseits die Gefahr, jemanden allzu schnell aufgrund seiner (immer vorläufig bleibenden) Entscheidung lebenslang in eine bestimmte Schublade einzuzwängen.

(c) Recht statt Leben?

Das Insistieren auf die Rechtslage macht beklommen. Kann von einer rechtlichen Klärung allein wirklich all das abhängen, was gegenwärtig davon abhängig gemacht wird? Wird dem Recht hier nicht mehr Raum eingeräumt als dem heilenden Handeln Gottes in der Gemeinschaft der Kirche? Drücken wir uns nicht auch mit dem Verweis auf die juridisch-theologische Sachlage um den alltäglichen Umgang in der Gemeinde? Ist nicht faktisch doch eine Ausgrenzung gegeben?

5. Scheidung – ein Weg mit Gott?

Geschiedene/Wiederverheiratete, die ihre Scheidung als gläubige Christen erleben mußten, deuten sowohl den schweren Weg bis zur Scheidung als auch ihr Mühen um ein relativ normales Leben danach als ihren unverwechselbaren Weg mit Gott, als einen Weg der Nachfolge. Nicht selten erzählen sie, wie sich ihr Gottesbild gewandelt hat, wie sie in der Beziehung zu Gott reifen durften. Sie können ihren Leidensweg im nachhinein als eine Phase sehen, in der sie auch im Fallen nicht tiefer als in Gottes Hände fallen konnten. Den Neubeginn wollen sie ganz bewußt mit Gott sehen und gehen. Es ist nun ihr Ziel, gerade jene Kommunikationslosigkeit und Dialogunfähigkeit nicht zu verlängern, die zum Zerbrechen ihrer Beziehung geführt hat. Die meisten der Geschiedenen/Wiederverheirateten führen die intensive Auseinandersetzung, in die sie hineingeworfen wurden, weiter und versuchen mutig, weitere Entscheidungen für ihr Leben zu treffen. Sie können zu den Entscheidungen stehen, die sie getroffen haben, wenn auch diese sie auf Wege geführt haben, die Leidenswege wurden.

6. Scheidung mit den Augen Gottes sehen

Gott gesteht dem Menschen einen neuerlichen Versuch zu – seine Geschichte und sein Weg mit Israel, dem auserwählten Volk, ist eine ständige Verheißung neuer Lebenschancen für Menschen, die zu ihm umkehren. Ausgerechnet im Zentrum menschlichen Zusammenlebens, in der Ehe, sollte diese Verheißung nun nicht mehr gelten? Einem Menschen das vorzuenthalten, was Gott ihm verheißen hat, ist das nicht die Sünde wider den Heiligen Geist?[11] Doch selbst wenn wir keinem Menschen unter-

---

[11] Ungläubige Verkennung und Ablehnung der Offenbarung Gottes in Jesus, LThK IX, Sp.1175–1183, 1187f.

stellen wollen, daß er sich willentlich so entscheidet, fragen wir, wie die Kirche heilsamer Verheißung zugunsten juridischer Engheit verlustig gehen konnte?

(a) Gemeinsam bestehen anstatt behandeln

Geschiedene/Wiederverheiratete fordern, daß der Umgang mit ihnen ein Kriterium für eine christliche Lebenspraxis der Gemeinden ist. Auf Grund ihrer oft auch schmerzlichen Erfahrung sind sie sehr empfindlich geworden: Nicht selten werden sie behandelt und versorgt und nicht zuletzt ruhiggestellt. Man kann sich bei manchen Schilderungen nicht des Verdachtes erwehren, daß Geschiedene/Wiederverheiratete als Schandfleck in einer Gemeinde gesehen werden – sie können ihr Scheitern einfach nicht mehr vertuschen oder verdrängen, wie es vielleicht das Muster der »normalen« Christen geworden ist – ein offensichtliches Scheitern verunsichert augenscheinlich. Die heile Welt, in die wir uns geflüchtet haben, gerät ins Wanken. So wird »heilige Kirche« mit makellos verwechselt, gerade in einer Situation, in der sie sich wahrhaft als eine heilmachende, heiligende, weil heilende, Kirche bewähren könnte.
Vielleicht sind wir zu sehr damit beschäftigt, Not und Leid, das Lebensschicksal anderer ver-stehen und urteilen zu wollen, anstatt es mit ihnen zu be-stehen.

(1) Neuorientierung
Wir sehen aber auch, daß hier eine grundlegende Neuorientierung notwendig ist. Dabei hoffen wir auf die ersten vorsichtigen Stellungnahmen und Schritte, die Ortskirchen und andere christliche Teilkirchen gewagt haben.

(2) Antwort und Umkehr
Gott schenkt dem Menschen die Freiheit, auf seinen Anruf in seiner individuellen Art zu antworten. Er scheint durch die Bruchstellen einer mißglückten Beziehung auf,

auch im Scheitern sind seine Spuren zu sehen. Wird nicht Gott so als Gegenüber greifbarer, an-greifbarer, verletzbarer? Gibt es dem Menschen nicht auch die Chance, ungeschminkt vor Gott zu stehen, wenn alle Schutzmauern zusammengebrochen sind, und wir nackt und verletzt vor den Trümmern dessen stehen, was unser Palast hätte werden sollen? Gott will auch durch die Bruchstellen unseres Lebens scheinen.

(3) Der Tod einer Ehe – das Leben in der Fremde
Es zeigt sich in vielen Fällen, daß ein weiteres Zusammenleben für beide Partner nicht mehr sinnvoll und verantwortbar möglich ist. Trennt hier der Mensch wirklich, was Gott verbunden hat, oder müssen die Zeichen doch so gedeutet werden, daß diese Ehe nicht (mehr) möglich, ja tot ist? Ist es dann nicht Gott, der eine Entscheidung fordert, dem Tod im Leben des Menschen abzusagen und sich erneut dem Leben zuzuwenden? Gott kann dem Menschen zu der Erfahrung verhelfen, daß er trotz seiner Bemühungen einen falschen Weg gegangen ist und seine Beziehung nicht mehr lebensfähig ist.

(4) Neue Partnerschaften – Gnade und Verpflichtung
Wenn Geschiedene/Wiederverheiratete ihre neue Beziehung als ein Erfahren der Gnade Gottes beschreiben, können wir uns nicht einfach aus »rechtlichen« Gründen dem Zeugnis über das Wirken Gottes verschließen. Demgegenüber eine kritische Position zu beziehen, ist sicher nicht falsch: Die Gotteserfahrung muß sich bewähren und fruchtbar werden im Leben des einzelnen und in der Gemeinschaft, denn Gott ist nicht ein Alibi für menschliche Entscheidungen. Aber: Gott begleitet den Menschen auf seinem konkreten Weg und steht ihm auch im Scheitern bei, ja man kann sogar analog sagen: Gott scheitert mit dem Menschen. Mit dem Scheitern einer Beziehung falle ich jedoch nicht notwendig aus der Urbeziehung zu Gott heraus.

7. Schule leidender Menschen

Wir haben eine Aufgabe, die unsere Kraft verlangt. Die Schuld können wir nicht unter den Tisch kehren. Wir können Leid gemeinsam bestehen. Auch wenn eine Sprachlosigkeit im Leiden besteht, darf uns Leiden nicht lähmen und zu Boden drücken. Leiden braucht eine gemeinsame Perspektive. Leiden ohne eine (gemeinsame) Perspektive ist selbstzerstörerisch.

Es ist eine Chance, in die Schule leidender Menschen zu gehen. Leiden bekommt wieder einen Platz in unserem Leben. Wir werden Mit-leidende, denen sympathisch, die vom Leben getroffen sind.

(a) Sprachlosigkeit im Leiden

Wir können mit den Geschiedenen/Wiederverheirateten eine gemeinsame Stellung zum Leid finden. Es ist nicht mehr möglich, das Geschehene ungeschehen zu machen. Es ist nicht unsere Aufgabe, das Leid oder die Verwunder verstehen zu müssen. Es gibt ein Recht auf eine Sprachlosigkeit gegenüber dem Leiden, ein Nicht-mehr-reden-können oder Wollen. Das ist auch in einer Gemeinschaft zu respektieren. Diese Zeit ist ein Bestandteil der Heilung. Nicht zu unrecht heißt es, die Zeit heilt Wunden. Wir können Heilung nicht machen, sie wird uns geschenkt.

> *Obwohl er der Sohn war,*
> *hat er durch Leiden den Gehorsam gelernt;*
> *zur Vollendung gelangt*
> *ist er für alle, die ihm gehorchen,*
> *der Urheber des Heils geworden.*
> *(Hebr 5,8)*

Der Hebräerbrief kann uns zielsicher machen in unserem Umgang mit Leid: Wir müssen in Beziehung treten zu Leiden. Leid erfordert Stellungnahme. »Hypakoé« meint hin-, anhören, auch antworten; sich einlassen; dann gehorchen, auch im Sinne von einwilligen. An Jesus können wir lernen, wie Leiden sich durch eigene Stellungnahme wandelt.

Gehorsam ist keinesfalls passives Erdulden, Gehorsam meint zutiefst Kommunikation. Und, so sagt der Hebräerbrief, wir brauchen keine Perfektion zu erreichen, es gibt die Chance einer Vollendung, die nicht an unsere Kräfte gebunden ist: Wir können mit unserem Leiden zu Christus in Beziehung treten. Wir sind im Leiden auf Kommunikation angewiesen, weil es so Anlaß zum Heil, zu Heilwerden wird. Wir vertrauen auf Jesus Christus, der auf seine Lebenschancen von Gott gebaut hat.

(b) Aus Leiden lernen

> *Gefährte meines Leidens*
> *Weine aus die entfesselte Schwere der Angst*
> *zwei Schmetterlinge halten das Gewicht der Welten für dich*
> *und ich lege deine Träne in dieses Wort:*
> *Deine Angst ist ins Leuchten geraten.*
> *(Nelly Sachs)*

In diesem Wort von Nelly Sachs – Deine Angst ist ins Leuchten geraten – »deutet sich das Geheimnis der Wandlung und der gestaltenden Kraft des Leidens an«[12]. Das Fragen nach Scheidung bezieht immer das Leiden mit ein. Oft wird der Grund des Leidens nicht erkannt, oft kann

---

[12] Petersen, P., Gefährte meines Leidens – über den therapeutischen Dialog, in: Wege zum Menschen 35(1983), 435–445, 435.

das Leid nicht angenommen werden. Wenn wir aus Leid lernen wollen, müssen wir Gefährten im Leiden werden.[13]

(1) Gefahren der Verdrängung – der Umgang miteinander
Wir gehen der Frage nach, warum gerade soviel an Leiden verdrängt wird: »Verdrängtes Leiden ist das Ergebnis (eines) Versuchungsprozesses . . ., der Versuchung der Massenabspeisung, der absoluten Macht und der Versuchung des Wunders.«[14] Die Konsequenz der Massenabspeisung, der Vermassung von Gesellschaft ist, daß der einzelne nicht mehr zu zählen scheint.[15] »Zum herakleischen Machtwahn gehört es, alles machen zu können – und das noch nicht Machbare in den Griff der Machbarkeit zu bekommen.«[16] Damit verbunden ist die Meinung des Begleiters gegenüber dem zu Begleitenden alles zu wissen, zumindest aber das bessere Wissen zu haben. Gleichzeitig wächst allzu leicht eine Kreuzzugsstimmung, aus dem Bewußtsein heraus, daß ausschließlich das Machen Sinn hat. Die subtilste Art der Verdrängung ist in der vermeintlichen Machbarkeit von Wundern zu sehen, im Vertrauen auf spirituelle Kräfte: Das Leid wird übergangen. »Das Symptom kann für einige Zeit verschwinden. Aber allzu oft ist die tiefliegende Matrix der Krankheit nicht verän-

---

[13] Griechisch ho therapoon: der Gefährte, der Begleiter und auch der Diener. Der Therapeut begleitet einen, der »patiens« ist, der ein Leidender ist, in seinem Leiden. Leiden wird abgeleitet von althochdeutsch lidan = gehen, fahren, reisen althochdeutsch irlidan entsprechend erfahren, ergehen. Erst im späten Mittelalter kam es mit »erdulden« zu der Verengung, zu Leiden als Widerfahrnis von Häßlichem. »Leiden wird nicht mehr anerkannt als unbedingt notwendige Lebenserfahrung des Menschen, sondern Leiden wird zur schandbaren Widerwärtigkeit erklärt – die natürlich nicht zu erfahren, sondern auszurotten ist .« – Petersen, Gefährte, 437.

[14] AaO.

[15] Vgl. die Elemente auswahlchristlicher Religion: Zulehner, P.M., Leutereligion, Wien 1982. – Ders., Religion im Leben der Österreicher, Wien 1981.

[16] Petersen, Gefährte, 438.

dert worden . . . Der Therapeut als Gefährte verdrängten Leidens wird vermutlich immer wieder diese schmerzensreiche Erfahrung seiner völligen Hilflosigkeit machen.«[17]

(2) Der therapeutische Dialog – ein Kampf
Die Geschiedenen fordern uns dazu auf, für die Bewußtheit des Leidens zu kämpfen: Erst darin wird eine Wandlung erreicht, die niemals heißen kann: sich abkoppeln vom verdrängten Leid. »Zwar geht die Wandlung immer in ein neues, unbekanntes Land. Aber das Neue kann immer nur mit dem Alten werden, nicht losgelöst von ihm . . . Eine abgekoppelte Transformation ist keine Wandlung leidverdrängter Kräfte – da steckt ein verhängnisvoller Irrtum.«[18] Dabei ist das Ergebnis des gemeinsamen Kampfes nicht abzusehen – auch der Therapeut kann nicht das Ergebnis vorhersagen, eine konkrete Zukunft läßt sich nur ahnen, kann erhofft werden.

8. Orientierung zur Bewältigung

(a) Gespräche als Geschenk

Es fällt im ersten Moment schwer, beraten zu wollen: Oft fühlt man sich nach einem Gespräch mit Betroffenen beschenkt aus einem reichen und leidvollen Erfahrungsschatz, und gewarnt vor eigenen Tiefen und Abgründen, vor Lebensmustern, die den Tod der Kommunikation und des Verstehens in der Partnerschaft bedeuten. Neben der Anteilnahme und einer solidarischen Unterstützung scheint es wichtig zu sein, daß diese Menschen in der kirchlichen Gemeinschaft positiv präsent und wirksam bleiben.

[17] Ferguson, M., Die sanfte Verschwörung, Basel 1982.
[18] Petersen, Gefährte, 442.

(b) Sicht aus Distanz

Auf der anderen Seite ist derjenige, der ein Gespräch führt, in einer hilfreichen Distanz zu dem Erzählenden und seiner Geschichte. Dies ermöglicht ihm eine andere Sichtweise. Zudem können wir nun auch auf eine ganze Reihe von Einzelschicksalen schauen: Sehr unterschiedlich waren die Standpunkte in der Entwicklung und Bewältigung des Lebens und der Scheidung. Auch wenn sich die Überlebensgeschichten oft ähnlich sind – jeder steht in einem anderen Stadium seines Lebens. Dadurch ist es uns möglich, bestimmte Haltungen zu bewerten als lebenstaugliche Weisen, als noch nicht ausgerichtet auf einen konkreten Weg oder als Sackgasse auf Zukunft hin. Gerade aufgrund der Fülle der Erfahrungen wurden wir auch mit Handlungsweisen konfrontiert, die uns andere Gesprächspartner aus ihrer Erfahrung und Entwicklung als nichttragend geschildert hatten.

(c) Gemeinsame Standortfindung

Die Beratung geschiedener Frauen und Männer kann zu einer neuen Standortfindung beitragen: Welchen Weg kann ich nun (in der Kirche) gehen, welche Möglichkeiten und Kräfte stehen mir zur Verfügung, wo gehe ich überhastet, zu schnell, eventuell zu sehr verletzt und getroffen von dem, was geschehen ist.

(1) Ansicht der Realitäten
Für manchen kann es eine große Hilfe sein, wenn er seine Situation ehrlich und realistisch ansieht und Abschied nimmt von Vorstellungen, an die er sich klammert und die ihn am Leben hindern. Manchem muß geholfen werden, die neue Situation zu akzeptieren, um überhaupt an Erfahrungen zu gelangen und auch Wiederholungen von lebensuntauglichen Mustern zu vermeiden.

(2) Gewissensbildung
Die Beratung sollte auch die Hilfen der Kirche zur Gewissensbildung und -entwicklung beinhalten, insofern der Gegenüber dies annehmen möchte. Unerläßlich ist dazu auch das vertrauende gemeinsame Suchen und Hinhören auf Gottes Wort, um darin seinen Plan mit dem Menschen zu entdecken.

(3) Zusage von Vergebung
Christliches Handeln bewährt sich nicht in der Diskussion von Schuld, sondern durch die Aufnahme in Gemeinschaft. Die Christen halten so durch ihr Handeln die Zusage Gottes von Vergebung glaubhaft lebendig.

(4) Miteinander leben
Gemeinsam wird man die vorhandenen Prioritäten (Kinder, eventuell alter und neuer Partner, Unauflöslichkeit, Treue, eigenes Vermögen und Können) überprüfen und neu gewichten.
Hilfreicher ist es, mit dem Betroffenen eine für ihn individuell verantwortbare und lebbare Lösung zu finden als fertige Modelle vorzuschlagen oder gar allein kirchenrechtliche Konsequenzen zum Entscheidungskriterium zu machen.[19]

9. *Fragen und Wünsche, die bleiben*

(a) Verschenken wir Glaubenserfahrungen?

Der Kirche sollte es wieder mehr zum Anliegen werden, die Gläubigen in ihrem Glaubensvollzug ernst zu nehmen und aus der Fülle dieser Erfahrungen neues Leben zu schöpfen: Von den Geschiedenen/Wiederverheirateten könnte die Kirche also in Erfahrung bringen, daß und wie

---

[19] CIC 1983, can 915f.

man trotz einer gescheiterten Lebensentscheidung weiterleben und weiterglauben kann. Es ist Aufgabe der Kirche,
gerade diese Menschen in ihrer Mitte zu halten. So gesehen sind Geschiedene kein Problem, sondern ein Charisma.

(b) Befreiendes Miteinander als Therapie

Dabei darf sie sich nicht nur zur »Behandlung« herablas-
sen – wir sollen vielmehr miteinander leben. Jesus schenkt
nicht Heilung in Form einer Therapie, sondern er teilt offen und ohne Vorbehalt das Leben mit den Getroffenen.
Gelingt es uns, offen zu werden für die, die so offensichtlich scheitern, und sie einzuladen, mit uns zu leben, wird
uns zweierlei geschenkt: Menschen können in der Krise
der Scheidung wieder Nähe zur Kirche erlangen und sich
integrieren, anstatt ganz aus ihr herauszufallen. Es können betroffene Menschen in der Kirche zu einem Frei-
heitsraum zum Leben eingeladen werden. Denen, die in
der Kirche stehen, ist die Möglichkeit gegeben, in der Integration dieser Lebensschicksale und die daraus entstehen-
den Lebensmuster eine wechselseitige Glaubenserfahrung
und Bewährung zu erleben. Zudem könnte es eine persönliche Hilfe sein, sich selbst nicht als perfekt zu sehen. Das
ist die Grundlage, daß wir uns Gott stellen können, gerade
mit unserem (alltäglichen) Scheitern. Er ist der Arzt, er
kann uns heilen. Damit sind wir befreit von den Versuchen, uns selbst heilen zu wollen.
Wir müssen die Geschiedenen bitten, von sich aus teilzunehmen und damit die vorauseilende Angst abzuschüt-
teln: »Sie werden mich nicht aufnehmen . . .«

(c) Sexualmoral – ein permanenter Stolperstein?

Zum Umfang der Zeichen-haftigkeit von Ehe ist sicherlich die volle Sexualität zweier Erwachsener dieser zuzu-
ordnen, »damit aus zwei Gerüchen einer wird« (Zitat aus

der Umfrage). Befriedigend für die sexuelle Begegnung zwischen Frauen und Männern sind feste dauerhafte Beziehungen, die sich sehen lassen können (und neues Leben nicht grundsätzlich ausschließen).

(d) Begleitung

Die Konsequenz wäre eine intensive Begleitung in einer Gemeinschaft, in der beide Partner wachsen und einen Rückhalt finden können. Diese Begleitung ist sicher nicht allein von hauptamtlichen Seelsorgerinnen und Seelsorgern zu leisten. Hier wird nochmals die Angst deutlich vor einer Öffnung: Diesen Anforderungen genügen wohl die wenigsten Modelle der Eheseminare. Welch ein Mehr an gemeinsamen Aufwand von Seiten der Gemeinschaft würde dies bedeuten! Wieviel an Offenheit, sowohl von denen, die begleiten (eventuell ein Ehepaar, Geschiedene?) als auch von denen, die begleitet werden, wäre dazu nötig!

(e) Lebensreife statt Lebenshast

Ohne Zweifel ist ein solcher Weg auch kein Patentrezept – es kann aber ein spannendes Wachsen und Miteinanderreifen bedeuten. Wenn auch die Begleitung keine Garantie für ein Gelingen der Partnerschaft ist, so fordert sie doch Ernsthaftigkeit und Geduld im Bemühen, so daß sich keiner ausprobiert oder ausgenützt fühlt.

Ähnlich der – zu wenig realisierten – katechumenalen Phasen, sind solche Phasen auch für die Ehe zu fordern, etwa durch eine modifizierte Wiederbelebung der Verlobung, die ja heute, wenn überhaupt noch üblich, weitgehend privatisiert ist.

Zur Ehe müssen behutsame Wege führen. Keiner darf zu einer christlichen Ehe gedrängt werden. Wir ermuntern Paare dazu, jedem Druck zu widerstehen und sich Reife-Zeit zu gönnen.

(f) Hat die Kirche das Bußsakrament vergessen?

Auch in der Frage der sakramentalen Gemeinschaft bzw. deren Wiederherstellung nach einer angemessenen Bußzeit sind nur sehr vorsichtige Äußerungen zu verzeichnen, wenn es auch Ansätze zu einer behutsamen und auf den individuellen Menschen bezogenen Pastoral gibt. Würde hier das Sakrament der Wiederversöhnung weiter ausgeschöpft werden, wäre die Zulassung zum Empfang der Eucharistie kein Problem mehr. Wiederum wäre Begleitung notwendig, die von kirchenamtlicher Seite nicht allein zu leisten ist.

Die katholische Kirche könnte von der orthodoxen Kirche einiges lernen für den humanen Umgang mit dem Scheitern und dem Institut der Zweitehe, die sicher in einer anderen Dimension als die erste Ehe zu sehen ist.[20]

(g) Einseitiges Monopol an Lebenswissen?

Wir müssen uns wohl bald, gelingt es uns nicht diese anderen Erfahrungen mit dem Scheitern zu integrieren, fragen lassen, wieso es sich die Kirche leisten kann, auf ein solches Potential an Lebenswissen und -weisheit eines beträchtlichen Teils ihrer Mitglieder zu verzichten bzw. es einfach auszuklammern.

[20] B. Häring, Ausweglos? Freiburg 1989.

VI. Kirche sucht neue Wege

Von Robert Brunbauer

Auf der Suche nach begehbaren Wegen hat es vor allem in den letzten beiden Jahrzehnten verschiedenste pastorale Bemühungen gegeben. Eine Verdichtung besonderer Art erfuhren diese Bemühungen in den siebziger Jahren in der Bischofssynode über die Familie im Jahre 1979.
Inzwischen wuchs die Vielfalt der Wegweiser u. a. auch durch die Auseinandersetzung mit dieser Synode und mit dem Apostolischen Schreiben »Familiaris Consortio« Johannes Pauls II. Der Papst weist in diesem Schreiben bei der Frage nach der Zulassung zu den Sakramenten als den einzigen Weg einer strengen Praxis hin. Gleichzeitig ist zu bemerken, daß in der Nr. 84 dieses Dokuments mehr Freiraum in den Anwendungsmöglichkeiten eingeräumt wird, als viele (Seelsorger) vermuten würden.

Bei der (keine Vollständigkeit beanspruchenden) Analyse kirchenamtlicher Stellungnahmen stützen wir uns auf folgende Texte (in Klammer die jeweils zur Zitation herangezogene Abkürzung):

(a) Apostolisches Schreiben:

Papst Johannes Paul II., Familiaris Consortio. Über die Aufgaben der christlichen Familien in der Welt von heute, 1980 (=FC).

(b) Synodale Äußerungen:

1) Kommissionsbericht der Diözesanen Sachkommission, Synode 1972, Diözese Basel, Sachkommission Nr. 6 (=SYN-CH-72).
2) Christlich gelebte Ehe und Familie. Ein Beschluß der ge-

meinsamen Synode der Bistümer in der BRD, Synoden-beschluß Nr. 11, 1975 (=SYN-BRD-75).
3) Propositionen der Bischofssynode über die Familien, La Documentation Catholique, 7. Juni 1981, No. 1809 (=PRO-SYN-80).

(c) Nicht-synodale Äußerungen (zum Großteil pastoral-theologischer Art):

1) Krätzl, H., Seelsorge an wiederverheirateten Geschiedenen, hg.v.Pastoralamt der Erzdiözese Wien, 1979 (=KRÄTZL).
2) Stellungnahme des Wiener Priesterrates anläßlich seiner Klausurtagung am 15.11.78 zum Thema: Seelsorge an wiederverheirateten Geschiedenen, Wien 1979 (=WR.PRIESTERRAT-79).
3) »Als Geschiedene(r) in der kirchlichen Gemeinde«. Ein Brief zu einem aktuellen pastoralen Problem, hg. v.Österreichischen Pastoralinstitut, Wien 1980 (=ÖPI-80).
4) Erklärung der österreichischen Bischöfe zum Abschluß der Bischofssynode, Wiener Diözesanblatt 1980 (=BISCH-Ö-80).
5) Stellungnahme zur pastoralen Regelung der Zulassung wiederverheirateter Geschiedener zu den Sakramenten, hg.v.Beirat der deutschsprachigen Pastoraltheologen, 1979 (=BEIRAT-79).
6) Kind und Scheidung, hg.v.Österreichischen Pastoralinstitut, Wien 1979 (=ÖPI-82).
7) Pastoral an wiederverheirateten Geschiedenen. Beilage zu den Informationen des Pastoralamtes der Diözese Linz vom April 1986 (=PASTAMT-LINZ-86).
8) »Geschiedene und wiederverheiratete Geschiedene in unseren Gemeinden«. Situation, Theologische Überlegungen, Pastorale Möglichkeiten, hg.v.Diözesankomitee der Katholischen Verbände im Bistum Münster, Tagungsbericht Haltern, 1987 (=TAG-HALT-87).
9) Pastoralkongreß 1987 in Berlin (West), Sachgruppe 10: »Ehe und Familie«, 1987 (=PAST-BERLIN-87).

10) Bischöfe Österreichs zum Papstbesuch 1988, Wien 1988 (=BISCH-Ö-88).

11) Überlegungen zum Problem: Geschieden und wieder verheiratet, Dommelstadl 1988 (=DOMMELSTADL-88).

12) Brief an Papst Johannes Paul II., hg.v. Forum »Kirche ist Gemeinschaft«, Wien 1988 (=FORUM-KI-88).

13) Homeyer, J., Christliche Ehe als Lebens- und Liebesgemeinschaft, Hildesheim 1988 (=HO-88).

14) Pastoralamt Linz, persönliche Mitteilung, 1989 (=PASTAMT-LINZ-89).

15) Geschieden und wieder verheiratet. Orientierungen für Betroffene über ihr Leben in der Kirche, hg.v. Pastoralamt Linz (ohne Jahrgangs-Angabe).

(d) Canones des geltenden Kirchenrechts (CIC 1983), die für Ehe, Ehescheidung und Nichtigkeit im engeren und im weiteren Sinn von Relevanz sind:

1) Canones 915 und 916 (Zulassung zu den Sakramenten);
2) Canones 1141–1155 (Trennung von Ehegatten);
3) Canones 1671–1707 (Eheprozesse).

Eine Auswahl von Unterthemen soll helfen, beim Durchgang durch die einzelnen kirchenamtlichen Texte die jeweiligen Standpunkte übersichtlich darzulegen. Diese Aussagen unterscheiden sich in einzelnen Aspekten erheblich, weisen aber zugleich die Gemeinsamkeit der Berufung auf Jesus Christus auf, sowie die Betonung der Unauflöslichkeit der Ehe bzw. der Barmherzigkeit Gottes mit den Menschen. Folgende Themen greifen wir heraus:

1. Beratende Begleitung der Geschiedenen/Wiederverheirateten

(a) Geschiedene

»Solchen Menschen muß die kirchliche Gemeinschaft ganz besondere Fürsorge zuwenden und ihnen Wertschätzung, Solidarität, Verständnis und konkrete Hilfe entgegenbringen, . . .« (FC, Nr.83)[21]. Menschen, die keine neue Verbindung eingehen, soll die Kirche »in Liebe und mit praktischer Hilfe unablässig beistehen«, heißt es ein paar Zeilen später.

SYN-CH-72 regt neue Beratungsstellen für Ehe und Familie an, die auch zur vertrauensvollen Aussprache mit Geschiedenen in der Lage sein sollen. Dabei sollen pastorale Erwägungen den Vorrang haben vor kirchenrechtlichen Kriterien mit dem Ziel einer persönlich verantworteten Entscheidung der/des Geschiedenen.

Schon konkretere Angaben macht die SYN-BRD-75. Ist in 3.4.1.3. die Rede von der Dringlichkeit des Verständnisses und der christlichen Solidarität, werden in 3.4.2. »Notwendige Hilfen« genannt:

- *Angebot einer qualifizierten psychologischen und seelsorgerlichen Hilfe*
- *notwendige Rechtsberatung*
- *ausreichende Information über gesetzliche Sozialleistungen*
- *Beratung und Hilfe in den Problemen der Kindererziehung.*[22]

---

[21] In der 14. Proposition der PRO-SYN-80 und von der BISCH-Ö-80 wird der Kirche das Bemühen nahegelegt, die Geschiedenen nicht im Stich zu lassen und ihnen zu den Mitteln des Heils zu verhelfen. Dabei ist wohl zu beachten, daß eine Differenzierung nötig ist hinsichtlich der Ursachen, die zu einer Trennung führen können. Die Kirche möge für sie beten, ihren Geist nähren und sich als barmherzige Mutter erweisen.

[22] Darüber hinaus werden noch erwähnt: Hilfe bei der Wiedereingliederung in das Berufsleben; eine eventuell notwendige Weiterbildung od. Umschulung berufsentfremdeter Frauen; Angebot zur Mitarbeit in Familienrunden; Besinnungstage, gemeinsame Wochenenden, Exerzitien, Vortragsveranstaltungen, usw.; in Notfällen materielle Unterstützung.
Im ÖPI-82 wird dabei noch zusätzlich auf die Möglichkeit von Bezugspersonen aus der Gemeinde hingewiesen (so z. B. auch Reaktivierung des Patenamtes).

Betont wird weiters eine verständnisvolle Haltung aller, die helfen können. »Die in ihrer Ehe Gescheiterten warten mit Recht auf ein mitfühlendes Wort, den brauchbaren Rat und die spürbare Hilfe der christlichen Gemeinde. Sie möchten sich angenommen und aufgenommen wissen in der Gemeinschaft derer, die selbst vom Wort der Vergebung leben und zur Brüderlichkeit verpflichtet sind (3.4.2.4.)«.

Auf der TAG-HALT-87 wurde von Geschiedenen der Kontakt zur Pfarre mehrfach als enttäuschende und enttäuschte Distanzierung bezeichnet. So fühlen sich viele Geschiedene häufig »heimatlos zwischen Kirchenrecht und Erbarmen« (15). Auf die Frage, wie einem die Kirche begegnet ist, kam die Antwort: »Ich habe die Kirche nicht getroffen« (19). Einzelne machten gute Erfahrungen z. B. mit Mitarbeits- und Wohnungsangeboten und auch mit Beratern bzw. Eltern (»ein Mensch, der einen versteht und einfach da ist«). Zwei besondere Schwerpunkte bei den Wünschen von Geschiedenen:

– *daß jemand auf sie zugeht und konkret in ihrem Alltag Hilfestellung leistet,*

– *ein Sprachrohr in den verschiedenen Gremien der Gemeinde zu haben.*

In der Nr.16 der vorgeschlagenen Empfehlungen des PAST-BERLIN-87 heißt es: »Der Pastoralkongreß empfiehlt, eine Handreichung für geschiedene Katholiken zu erarbeiten, die auf ihre schwierige persönliche Lage eingeht und auf die kirchlich nicht erlaubte Wiederverheiratung ausdrücklich hinweist«. In einer Eingabe beim selbigen Pastoralkongreß wird von der größeren Wichtigkeit gesprochen (neben einschlägiger Literatur im Schriftenstand) , »daß es in jeder Pfarrgemeinde einen entsprechend ausgebildeten Basistheologen (kann auch gern ein Laie (Religionslehrer) sein) gibt, der ein offener, lebensbejahender Ansprechpartner sein muß.«[23] Ein Gedanke aus dem Brief von DOMMELSTADL-88: »Wir stehen z. B. selbstverständlich einer Frau bei, die ihren Mann durch einen Unfall verliert, lassen aber Menschen in ihrer Trauer um den Verlust des Partners durch Scheidung allein. Jesus würde in diesem Zusammenhang nicht unterscheiden zwischen physischem und sozialem Tod.«

Besonders hinzuweisen ist auf die Geschiedenenpastoral der Diözese Linz (PASTAMT-LINZ-89), die vom Familienseelsorger Bernhard Liss ins Leben gerufen worden ist. Ein wichtiger Aspekt dabei ist die Weiterbildung von Seelsorgern in Hinblick auf eine verantwortbare Gesprächsführung.[24] Ziel der Kurse ist es, »die Teilnehmer zu befähigen, ihre Gesprächspartner zu einer persönlichen Gewissensentscheidung zu begleiten und entsprechend den ›Orientierungen‹ (PASTAMT-LINZ-86) die Gewissenhaftigkeit dieser Entscheidung aufzuzeigen« (persönliche Mitteilung vom 30.11.88).

ÖPI-80 will eine weitere Handreichung für Seelsorger sein. Es handelt sich dabei um einen Brief eines Pfarrers an eine Frau, die kurz vor der Scheidung ihrer Ehe steht.

Bischof Homeyer schreibt in seinem Hirtenbrief vom 28. Dezember 88: »Niemals darf es darum gehen, den

---

[23] Eingabe von N. Nakielski, November 1987. Ihm selbst als Betroffenen gaben »Normalpriester« den Rat, Spezialkräfte aufzusuchen, die ihm auch tatsächlich – wenn auch nicht »Rom-konform« – helfen konnten. Allerdings bezweifelt er diese Art der Problemlösung als allgemein gangbaren Weg.

[24] Dazu wird an viermal zwei Tagen den Seelsorgern vor allem über das Rollenspiel mit Tonbandaufnahmen (auch zu konkreten Fallbeispielen aus der Praxis der Teilnehmer), Informationsteile (Entwicklungspsychologie; Ehe, Scheidung und Wiederverheiratung theologisch betrachtet – biblische, dogmatische und moraltheologische Aspekte; Kirchenrecht) und Klein- und Trainingsgruppen eine intensive, lebensnahe Auseinandersetzung mit und Einübung der Gesprächsführung mit Geschiedenen nahegebracht. Als Trainer der Kurse fungieren diplomierte Eheberater der Diözese.

Druck von Schuldgefühlen zu verstärken, aus der Kirche auszuschließen oder zu bestrafen, sondern es kommt darauf an, auf diese Eheleute zuzugehen und sie hilfreich zu begleiten:

– wenn sie in ihrer Ehe scheitern und sich trennen,

– wenn sie allein leben und Kinder allein erziehen,

– wenn sie eine zweite Ehe eingehen.«

(b) Wiederverheiratete Geschiedene

In einem eigenen Kapitel beschäftigt sich FC mit der Frage der wiederverheirateten Geschiedenen (FC, Nr.84). Diesen sollen unablässig die Heilsmittel der Kirche angeboten werden. Die Kirche »wendet sich mit mütterlichem Herzen diesen Söhnen und Töchtern zu, vor allem denen, die ohne Schuld von ihrem rechtmäßigen Gatten verlassen wurden.« Die Hirten und die ganze Gemeinde werden aufgerufen, für die Betroffenen zu beten, ihnen Mut zu machen und sich ihnen als barmherzige Mutter zu erweisen, um sie so im Glauben und in der Hoffnung zu stärken. Im übrigen »vertraut die Kirche fest darauf, daß auch diejenigen, die sich vom Gebot des Herrn entfernt haben und noch in einer solchen Situation leben, von Gott die Gnade der Umkehr und des Heils erhalten können, wenn sie ausdauernd geblieben sind in Gebet, Buße und Liebe.«[25]

SYN-CH-72 regt an, den wiederverheirateten Geschiedenen über das pastorale Gespräch mit dem Priester einen

---

[25] Außerdem werden die Betroffenen ermahnt, das Wort Gottes zu hören, am heiligen Meßopfer teilzunehmen, regelmäßig zu beten, die Gemeinde zu unterstützen, die Kinder christlich zu erziehen und den Geist und die Werke der Buße zu pflegen.

verantwortbaren Gewissensentscheid in ihrer Situation zu ermöglichen.[26]

Bei sonstiger hoher Übereinstimmung mit FC fällt in der 14. propositio der PRO-SYN-80 auf, daß der sechste Punkt in FC keine Entsprechung findet. Er lautet: »Die Synode wünscht in ihrer pastoralen Sorge um diese Gläubigen, daß man sich in dieser Sache einer *neuen* und *tieferen* (Hervorhebung vom Autor) Untersuchung widme. Dabei möge man auch der Praxis der Kirche des Ostens Rechnung tragen, um so besser die pastorale Barmherzigkeit herauszustellen« (179 Ja, 20 Nein, 7 Enthaltungen).

KRÄTZL spricht von einer gesamtheitlichen Pastoral an wiederverheirateten Geschiedenen. So muß die Bereitschaft gegeben sein, die Krisensituation mitzutragen, sowohl vom Seelsorger als auch von der christlichen Gemeinde. Mitarbeit im kirchlichen Leben soll nicht nur geduldet, sondern angeboten werden. Dadurch könnte auch mitgewirkt werden am Abbau aller Diskriminierungen im gesellschaftlichen Bereich. Auch wenn wiederverheiratet Geschiedenen nicht das volle Leben in der Gemeinschaft möglich ist, sind sie keineswegs von der Kirche getrennt (so auch BISCH-Ö-88), ja sie haben sogar ein besonderes Recht auf Hilfe in der Seelsorge. Im rechten Geist getragen, könnten alle Erfahrungen der Betroffenen für die größere Gemeinde fruchtbar gemacht werden. Auch soll ihnen zugesagt werden, daß, wer bis zum Letzten ernstlich ringt um ein ehrliches Leben vor Gott, von Ihm sicherlich nicht verlassen wird.[27]

Das PASTAMT-LINZ-86 spricht von der Notwendigkeit der Schaffung eines guten Klimas in der Gemeinde und

---

[26] Die BISCH-Ö-80 sprechen von einem »erfahrenen« Priester als Ansprechpartner, BEIRAT-80 vom Seelsorger als Begleiter mit Blickrichtung auf Gewissensbildung nach kirchlichen Richtlinien.

[27] Der WR.PRIESTERRAT-79 unterstützte diese Aussagen KRÄTZLs anläßlich seiner Klausurtagung am 15.11.78 zum Thema »Seelsorge an wiederverheirateten Geschiedenen«, bei dem KRÄTZL sein Referat hielt.

regt an, daß, sofern sich Betroffene selbst isolieren, ihnen Menschen aus der Gemeinde aktiv nachgehen sollten (mit dem nötigen Verständnis für eine gewisse Verwundbarkeit der Betroffenen).[28] Die Gesprächspastoral müsse getragen sein von mindestens einem Priester pro Dekanat, der eine besondere Weiterbildung absolviert hat (s. PASTAMT-LINZ-89) und der auch vermitteln kann zu einer katholischen Ehe-, Familien- und Lebensberatungsstelle, sofern er die Grenzen seiner Möglichkeiten wahrnimmt.

Auch auf der TAG-HALT-87 und der PAST-BERLIN-87 wurden besonders die Notwendigkeit einer ermutigenden Begleitung und Beratung durch Seelsorger und Laien sowie die einer offenen und Geborgenheit bietenden Gemeinde betont. Viele Betroffene mußten von deprimierenden und abstoßenden Erfahrungen mit Seelsorgern und Gemeindemitgliedern erzählen. PAST-BERLIN-87: »Ebenso wird eine Handreichung für bereits wiederverheiratete Geschiedene mit Beschreibung ihrer kirchlichen Rechte und Pflichten empfohlen.«

Für DOMMELSTADL-88 ist angesichts der bitteren Erfahrung des Ausgegrenztwerdens von Betroffenen die entscheidende Frage: Wie ginge Jesus mit den wiederverheiratet Geschiedenen um?[29]

2. Annullierung der Ehe

Von PRO-SYN-80 und FC wird diese Möglichkeit nicht explizit angesprochen – der Hinweis auf notwendige Dif-

---

[28] Ähnlich auch TAG-HALT-87 und PAST-BERLIN-87, auf dem auch noch im 16. Punkt der Empfehlungen gesagt wird: »Ebenso wird eine Handreichung für bereits wiederverheiratete Geschiedene mit Beschreibung ihrer kirchlichen Rechte und Pflichten empfohlen.«

[29] Eine Möglichkeit, den Dialog in Gang zu bringen, bietet das PASTAMT-LINZ-86 in einem Brief an wiederverheiratete Geschiedene an, in dem den Betroffenen die Kirche als Heimat zugesichert und im Falle von offenen Fragen das Gespräch angeboten wird.

ferenzierung bei den verschiedenen Scheidungssituationen läßt eine Tendenz erkennen –, von der SYN-CH-72 ist sie noch nicht in die Überlegungen einbezogen und von der SYN-BRD-75 wird sie kurz als möglicher Weg erwähnt, der nur in wenigen Fällen Hilfe zu bringen vermag. Weihbischof KRÄTZL setzt sich mit den rechtlichen Möglichkeiten kritisch auseinander. Dabei mußte sich KRÄTZL noch auf den Kodex von 1917 berufen. Die Nichtigkeitserklärung oder Annullierung einer Ehe bedarf seines Erachtens hinsichtlich der Nichtigkeitsgründe einer zeitgemäßen Erneuerung.[30] Dabei müsse es auch zu einer Verkürzung der Prozeßdauer kommen. Folgende Aspekte stellt er zur Diskussion:

1) Mangel an Ehefähigkeit: Vor allem in diesem Bereich der bislang trennenden Ehehindernisse müßte ein Neuüberdenken einsetzen sowie eine Erweiterung der Liste möglicher Ehehindernisse, um den Abschluß jener Ehen zumindest hinauszuzögern, von denen vor allem erfahrene Seelsorger »schon zu Beginn der Meinung sind, daß sie mißlingen werden (z. B. wegen fehlender geistiger Reife, wegen mangelnden Verständnisses über das Wesen der Ehe, vor allem der sakramentalen Ehe, usw.).«[31]

---

[30] BEIRAT-80: Im Punkt 2.4.2. ist die Rede davon, daß eine bloße Vermehrung der anerkannten Nichtigkeitsgründe als Lösung der anstehenden Probleme nicht in Betracht komme.

[31] BEIRAT-80: Im Punkt 2.3.2.1. wird betont, daß der Seelsorger die Frage der Annullierung oder Auflösung einer Ehe klären helfen soll (Auflösung durch päpstliche Dispens sei unter Umständen möglich, wenn die Ehe noch nicht konsumiert ist – KRÄTZL kritisiert dabei die rein biologisch verstandene consumatio); vgl. auch PASTAMT-LINZ-86 im Punkt 4 sowie TAG-HALT-87. Auf dieser wies Pfarrer Dr. Hans Werners in seinem Referat auch auf die Grenzen dieses Rechtes auf eine eventuelle Annullierung hin. In der Arbeitsgruppe drei wurden die Probleme und Chancen einer kirchenrechtlichen Annullierung erörtert. Betont wurde dabei auch das Ziel des kirchlichen Eheprozesses, das nicht Schuldzuweisung, sondern Wahrheitsfindung sei. PAST-BERLIN-87: In einer Eingabe wurde der Wunsch geäußert, vom kirchlichen Ehegericht auch die Auflösung einer Ehe erreichen zu können.

2) Mangel an Ehewillen: Kritik übt Krätzl an dem geringen Mindestmaß an (biologischen) Kenntnissen über den Sinngehalt der Ehe (Ehe = dauernde Gemeinschaft mit dem Ziel, Nachkommenschaft zu zeugen; inzwischen ist zumindest diesem Kritikpunkt Rechnung getragen worden). Fraglich ist dabei v.a. die mögliche Diskongruenz von der Intention des einzelnen Eheschließenden mit der Christi.

3) Beeinträchtigung der Entscheidungsfreiheit: Mehr Gründe als bisher für eine Eheunfähigkeitserklärung werden begrüßt. So z. B. im Falle, daß ein Partner die künftigen Rechte und Pflichten in der Ehe nur sehr mangelhaft erkennen kann oder an einer schweren psycho-sexuellen Anomalie leidet.

4) Irrtum: Nicht nur der Personenirrtum, sondern auch der Irrtum hinsichtlich sehr wesentlicher Eigenschaften des Partners wären als Nichtigkeitsgrund zu erwägen. Der unverschuldete Irrtum könne möglicherweise zu ähnlichen Härten im ehelichen Zusammenleben führen, wie das die arglistige Täuschung nach sich ziehen kann.

5) Furcht: Die metus ab intrinseco (Furcht »von innen«) müsse als Möglichkeit zumindest in Betracht gezogen werden, nicht nur die Furcht »von außen« (ab extrinseco)! FORUM-KI-88 macht noch auf den Mißstand aufmerksam, daß viele Erst-Ehen seiner Meinung nach »ohne die entsprechenden Voraussetzungen kirchlich geschlossen werden und deshalb eigentlich ungültig sind. Die Kirche dürfe bei der Annullierung einer Ehe nicht strenger sein als bei der Zulassung.«

3. Umgang mit Schuld

Zur Frage nach der Schuld ist zu vermerken, daß zumeist nur von feststehender Schuld gesprochen wird, nicht aber vom Umgang mit und Aufarbeitung der Schuld.
Bischof Homeyer schreibt dazu: »Die Unauflöslichkeit

der Ehe meint mehr als eine Hoffnung oder ein Gesetz. Sie ist Teil des Evangeliums und bedeutet: Wo Menschen in der Liebe Gottes geborgen sind, da macht er sie frei, den anderen so zu lieben und gelten zu lassen, wie er ist; da macht er sie fähig, in eine gemeinsame Zukunft aufzubrechen, in der sie ein Fleisch sein werden und unauflöslich miteinander verbunden sind ... Wenn Christen über Unauflöslichkeit der Ehe sprechen, dann dürfen sie von einem geschenkten Können und einer Befreiung erzählen und nicht von einer bloßen Hoffnung und einem harten Gesetz ... Aber dennoch gibt es das Scheitern von Ehe, einen Bruch in der Beziehung, der unheilbar erscheint.

Dafür gibt es viele Ursachen. Zum Teil liegen sie in der Person der Ehepartner, zu einem nicht unbeträchtlichen Teil an den gesellschaftlichen Veränderungen, an denen die Ehe teilnimmt: Traditionsbruch, längere Dauer der Ehe, neues Rollenverständnis von Mann und Frau, Spannung zwischen Familie und Beruf, Isolierung der Kernfamilie, Anonymität unserer Gesellschaft u. a.«

In FC ist die Rede von Gebet, Buße und Liebe, wobei aber das Sakrament der Buße für wiederverheiratete Geschiedene von vornherein nur dann zugänglich ist, wenn Reue und aufrichtige Bereitschaft zu einem Leben gegeben ist, das nicht mehr im Widerspruch zur Unauflöslichkeit der Ehe steht.

Die SYN-CH-72 unterscheidet zwischen dem Scheitern einer Ehe aus Zwängen und aus Schuld. Psychologisch geschulte Eheberater sollen helfen, die eigene Situation richtig zu beurteilen und eine persönlich verantwortliche Entscheidung zu ermöglichen. Gefragt wird nach der Bereitschaft der Geschiedenen/wiederverheirateten Geschiedenen, die begangene Schuld unter die Vergebung Gottes zu stellen.

Die SYN-BRD-75 spricht von den zahlreichen Gefahren des Scheiterns einer Ehe, ohne sich gleich auf Schuldzuweisungen einzulassen. Es werden eigene moraltheologische Überlegungen[32] angestellt und dabei die Frage aufgeworfen, ob nicht jede Schuld Vergebung finden kann (3.5.2.1.)[33], auch wenn der permanente Ehebruch dauernd schwere Schuld nach sich zieht.

Der WR. PRIESTERRAT-79 spricht von der *Not* der Betroffenen.

Im Brief des ÖPI-80 wird die Hilfe eines seelsorglichen Gesprächs bzw. einer kirchlichen Beratungsstelle angeboten, das Scheitern einer Ehe aufzuarbeiten.[34]

ÖPI-82: Es gibt auch ein Schuldig-Werden dem Kind gegenüber durch inadäquate Konfliktbewältigung.

In einigen Dokumenten ist auch von der Mitschuld der Gemeinde am Scheitern einer Ehe die Rede, ein Faktum, das den Umgang mit und die Bewältigung der Schuld noch zusätzlich erschwert.

4. Verhältnis von Geschiedenen/Wiederverheirateten zur Gemeinde (und umgekehrt)

Da zu diesem Thema schon einiges unter Punkt (1) gesagt wurde, beschränkt sich der folgende Durchgang durch die Dokumente auf einige prägnante Stellungnahmen.

(a) Wie es ist

Das Scheitern einer ehelichen Gemeinschaft wird von der Gemeinde oft als moralisches Versagen und Zeichen feh-

---

[32] Vgl. auch KRÄTZL im Punkt 6.2., wo er darauf hinweist, daß in sehr vielen Fällen die Schuldfrage gar nicht leicht auszumachen sei. Ebenso ÖPI-80.

[33] BEIRAT-80 und FORUM-KI-88: wirksame Reue ist möglich. Schuld anerkennen wird als erster Schritt zur Aufarbeitung genannt.

[34] Vgl. den Punkt 4 des PASTAMT-LINZ-86, TAG-HALT-87 (Punkt 7c) inklusive dem Wunsch nach zumindest einem Betroffenen im Pfarrgemeinderat als Vermittler zu entsprechenden Beratungsstellen, und DOMMELSTADL-88 (Einladung zu Gesprächsabend).

lender geistiger Reife gedeutet (SYN-BRD-75). Demgegenüber bemerkt KRÄTZL, daß sich wiederverheiratete Geschiedene als Außenseiter erleben und dies auch zu spüren bekommen; viele aus der Gemeinde halten sie für exkommuniziert.[35]

Bei der Scheidung vollzieht sich eine Spaltung des Bekannten- und Verwandtenkreises in pro und contra; Geschiedene ziehen sich oft zurück (ÖPI-80).

Bischof Homeyer schreibt dazu: »Viele Christen empfinden die Kirche als unmenschlich und hart im Umgang mit Eheleuten in einer zerbrochenen Ehe, mit Geschiedenen und wiederverheirateten Geschiedenen. Sie können Jesu Liebe und Barmherzigkeit nicht wiedererkennen, wenn die Kirche eine zweite Ehe verbietet und die Eheleute in einer Zweitehe von den Sakramenten ausschließt.«

Weiters fügt er hinzu: » Nicht wenige, deren Ehe zerbrochen ist, die sich vom Ehepartner getrennt haben, allein leben oder eine zweite Ehe eingegangen sind, sehen sich über die ohnehin vorhandenen Empfindungen von Angst und Einsamkeit, Trauer und Schuld hinaus von kirchlichen Regelungen, aber auch von so vielen Mitchristen verurteilt, ausgeschlossen und bestraft. Im Empfinden vieler wirkt Kirche nicht hilfreich, sondern verstärkt das Leid.«

(b) Wie es sein soll

FC und PRO-SYN-80 fordern besondere Fürsorge, Wertschätzung, Solidarität, Verständnis und konkrete Hilfe für Geschiedene, fürsorgende Liebe für wiederverheiratete Geschiedene; zusätzlich spricht SYN-BRD-75 noch vom Mitarbeit-Anbieten in Familienrunden.

KRÄTZL und WR. PRIESTERRAT-79 verlangen den Abbau der Diskriminierungen (»Klimaverbesserung« in der

---

[35] Vgl. auch ÖPI-82, TAG-HALT-87 (»Alkoholsüchtigen und anderen Randgruppen wird intensivere Hilfe zuteil«, S.23) und DOMMELSTADL-88.

Gemeinde); Bereitschaft, die Krisensituation mitzutragen.
BEIRAT-80 (Punkt 2.3.3.2.): »Es ist nötig, der Gemeinde bewußtzumachen, daß das Scheitern von Ehen nicht nur Sache der beiden Eheleute ist, sondern daß auch das Netz der Gemeinde eine Rolle spielt.«
ÖPI-82 fordert eine neue Einstellung zu den Betroffenen; diese sollen zur Mitarbeit eingeladen werden, Bezugspersonen sollen sie begleiten, Nachbarschaftshilfe sollte gewährt werden, ebenso finanzielle Überbrückung; auch Beratungsgemeinschaften (v.a. auch im Blick auf die Kinder) sind zu bilden.

5. Alleinerziehende

Alleinerziehende sind ein wertvolles Zeugnis vor der Welt und der Kirche. Die Kirche solle ihnen unablässig beistehen in Liebe und praktischer Hilfe (FC).
Von der SYN-BRD-75 wird ein sozial tragbares Ehescheidungsrecht gefordert, das »insbesondere die Interessen der Frau und der Kinder berücksichtigen muß.«
ÖPI-82 verlangt, daß ein Betroffener dem Kind nicht in übertriebener Selbstlosigkeit als Geschiedene/r »sein (ihr) Leben opfern« soll – dies wäre ein Zeichen von Egoismus und würde zu großer Unzufriedenheit führen. Das Kind soll und darf auch nicht zum Partnerersatz gemacht werden.
TAG-HALT-87 beklagt die oft fehlende Unterstützung der Gesellschaft. Auch für Kinder findet eine existentielle Änderung statt – das Kind wird dabei häufig in eine der drei Rollen gepreßt: Sündenbock, umstrittener Bundesgenosse, Partnerersatz. Die neue Situation ist eine Herausforderung, mit der der Mensch wachsen kann (der Frau gelingt das im Durchschnitt besser). Die Kinder sind oft die Brücke zur Gemeinde. »Alleinerzieher brauchen die Kirche und die Kirche braucht die Alleinerzieher.«(16)

6. Sakramente für Geschiedene/Wiederverheiratete?

(a) Für Geschiedene:

Im Falle der Schuldlosigkeit und der Treue zum Eheband wird die Sakramentenreichung grundsätzlich bejaht (FC). Für ÖPI-80 ist der/die Einzelne trotz Scheidung vollwertiges Mitglied der kirchlichen Gemeinde.

(b) Für wiederverheiratete Geschiedene:

FC und PRO-SYN-80 sprechen ein klares Nein[36], weil einerseits der Lebensstand und die Lebensverhältnisse im »objektiven« Widerspruch zum Bund der Liebe zwischen Christus und der Kirche stehen, den die Eucharistie sichtbar und gegenwärtig macht und andererseits Irrtum und Verwirrung der Gläubige hinsichtlich der Lehre von der Unauflöslichkeit der Ehe eintreten würden. Voraussetzung für eine Wiederzulassung wären Reue und das Zusammenleben »wie Bruder und Schwester«. Jegliche liturgische Handlung im Zusammenhang mit der Wiederverheiratung wird untersagt.

SYN-CH-72 betont die Unauflöslichkeit, hält aber ein Scheitern für möglich und ruft zu einem verantwortbaren Gewissensentscheid auf. Eine lebendige Umkehr sei ein nie abgeschlossener Lebensprozeß. Im Falle eines Gewissenskonflikt werden vier Kriterien zur Prüfung des Gewissens genannt:

---

[36] Dieses Nein wird von BISCH-Ö-80 für den seelsorgerlichen Alltag so aufbereitet: » . . .außer es liegen besondere Verhältnisse vor, die jeweils im Gespräch mit einem erfahrenen Priester der Klärung bedürfen.« Die BISCH-Ö-88 erklären das Nein im Punkt drei folgendermaßen: Es sei nicht Ausdruck der Unbarmherzigkeit, sondern notwendig zur Verteidigung der Treue und Liebe durch die Unauflöslichkeit der Ehe.
Im Brief des PASTAMT-LINZ-86 wird ebenfalls die Hilfe des Seelsorgers im Falle bes. Umstände gewünscht, die vor Gott verantwortbar ist.

1. Ist die Bereitschaft gegeben, begangene Schuld unter die Vergebung Gottes zu stellen und eine fortbestehende Verantwortung gegenüber dem ersten Partner und den Kindern aus dieser ersten Ehe nach Kräften zu erfüllen?

2. Ist die neue Verbindung auf bürgerlich-rechtlicher Ebene geordnet und ist der feste Wille vorhanden, dem neuen Partner in Treue verbunden zu bleiben und die Kinder nach christlichen Grundsätzen zu erziehen?

3. Ist das Verlangen nach den Sakramenten von wirklich christlichen Motiven getragen?

4. Läßt sich in Rücksicht gegenüber der konkreten Gemeinde der öffentliche Sakramentenempfang verantworten, ohne daß diese darob in ihrem Glauben in schwere Verwirrung gerät?

Das letzte Urteil bleibt Gott vorbehalten, der barmherzig ist.

SYN-BRD-75 verweist auf schwerwiegende Folgen eines lebenslangen Ausschlusses der Betroffenen vom Sakrament der Buße und Eucharistie. Dieser würde eine tragische Entfremdung zur Kirche nach sich ziehen. Wenn eine Rückkehr in die erste Ehe ausgeschlossen ist und die jetzige Verbindung eine Verpflichtung mit sich trägt, bestehen zwei Möglichkeiten, die zur Diskussion stehen:

1. Nichtzulassung wegen öffentlichem Ärgernis;

2. Zulassung, weil angesichts einer sittlich verpflichtenden neuen Verbindung Vergebung im Zentrum stehen sollte. Andernfalls würde die Gemeinde unbarmherzig agieren.

KRÄTZL plädiert dafür, daß – abgesehen vom Fall der Annullierung einer Ehe – die Zulassung nur in Ausnahmefällen erfolgen sollte. Dabei sind folgende Kriterien anzuwenden:

1. Wenn die Ehe sehr wahrscheinlich ungültig war, aber dafür kein prozeßmäßiger Nachweis möglich ist (z. B. Schwierigkeiten im Beweisverfahren, . . .);

2. Wenn ein Zusammenleben in der zweiten Ehe »wie Bruder und Schwester« gewährleistet ist;

3. Wenn keine Aussöhnung mehr zu erwarten ist;

4. Wenn die Schuld bereut und so weit als möglich wieder gutgemacht wurde;

5. Wenn die neue Verbindung zu einem Gewissenskonflikt, einer Pflichtenkollision führt;

6. Wenn die zweite Ehe glaubensgemäß geführt wird (v.a. auch eine verantwortungsbewußte religiöse Erziehung der Kinder gegeben ist;

7. Wenn unter den Voraussetzungen der Punkte (3) bis (6) Betroffene beim Beichtvater um Wiederzulassung ansuchen, solle jener unter Berücksichtigung der Gemeinde diesem Ansuchen stattgeben.[37]

Dabei ist der Gewissensentscheid des einzelnen Menschen wichtig. Die Gefahr des Legalismus darf nicht außer Acht gelassen werden: man hat nur das positive Gebot einer kirchlichen Disziplin vor Augen und nicht mehr menschliche Lebensgeschichten. Für eine verantwortliche Entscheidung wären folgende sechs Fragen zu beachten (s.Punkt 2.3.1.2.):

1. Ist festgestellt, ob die Konfliktsituation eines wiederverheirateten Geschiedenen, der die Sakramente empfangen möchte, auf dem Rechtsweg geklärt werden kann?

2. Ist die Rückkehr zum ersten Partner objektiv und subjektiv (von beiden Partnern her) noch möglich?

In jedem Fall ist eine eingehende Beratung nötig. Wenn die betroffenen Menschen überzeugt sind, daß sie in keinem sündhaften Verhältnis leben und sie die Verpflichtung der Zweitehe verspüren, soll der Seelsorger die Sakramente nicht verweigern, wobei dieser die Gemeinde auf ihre Mitverantwortung hinweisen soll.

Das PASTAMT-LINZ-86 hat nochmals besonders auf die persönliche Gewissensentscheidung hingewiesen.

Bei den Eingaben der verschiedensten Pfarrgemeinden und Aktivistenkreise auf dem Berliner Pastoralkongreß (PAST-BERLIN-87) war ein allgemeines Plädoyer für die

---

[37] Die Punkte 3 – 7 werden auch vom WR. PRIESTERRAT-79 genannt.

Wiederzulassung zu erkennen (zumindest bei bestimmten Anlässen). Hingewiesen wurde auf die Unchristlichkeit und Ungerechtigkeit eines lebenslangen Ausschlusses, sowie auf den Widerspruch dieser Praxis zum Liebesgebot und zur Barmherzigkeit. So wurde hingewiesen auf den Tod Jesu zur Erlösung aller Menschen, »nicht weil wir heilig sind, sondern um uns zu heiligen.« Angesprochen wurden auch die Möglichkeiten der Verhinderung großer persönlicher Gewissensqualen und des Leids durch den Ausschluß sowie einer differenzierten Eheformel, in der das Scheitern nicht ausgeschlossen wird.

FORUM-KI-88 hat formuliert: »Die Kirche verlangt von keinem Sünder eine Gutmachung, die nicht möglich ist, darum ist auch für wiederverheiratete Geschiedene eine Zulassung denkbar.«

Bischof Homeyer faßt seine Überlegungen zu diesem Themenaspekt so zusammen: »Nach der Lehre und Praxis der Kirche ist eine generelle Zulassung nicht möglich, weil die Kirche an die Weisung Christi gebunden ist. Wenn Betroffene meinen, in ihrem Fall lägen besondere Verhältnisse vor, dann mögen sie das Gespräch mit einem Seelsorger suchen. In dem Gespräch soll dieser ihnen helfen, zu einer persönlichen Gewissensentscheidung zu kommen. Ich vertraue darauf, daß dabei ein Weg gefunden wird, der vor Gott in der Kirche verantwortbar ist und den Glauben der Eheleute vertieft.«

VII. Biblische Wegweisung für wiederverheiratete Geschiedene

Von Paul M. Zulehner

*»Gepriesen sei der Gott
und Vater Jesu Christi, unseres Herrn,
der Vater des Erbarmens
und der Gott allen Trostes.
Er tröstet uns in all unserer Not,
damit auch wir die Kraft haben,
alle zu trösten,
die in Not sind,
durch den Trost,
mit dem auch wir von Gott getröstet werden.*

*Wenn uns nämlich die Leiden Christi
überreich zuteil geworden sind,
so wird uns durch Christus
auch überreicher Trost zuteil.*

*Sind wir aber in Not,
so ist es zu eurem Trost und Heil,
und werden wir getröstet,
so geschieht auch das zu eurem Trost,
er wird wirksam,
wenn ihr geduldig die gleichen Leiden ertragt,
die auch wir ertragen.*

*Unsere Hoffnung für euch ist unterschütterlich;
wir sind sicher,
daß ihr mit uns nicht nur an den Leiden teilhabt,
sondern auch am Trost.«*

(2 Kor 1,3–7)

Bei einem Seminar für Frauen und Männer, die geschieden waren und wieder geheiratet haben und sich nun über ihre Lage in der Kirche informieren wollten, sprach ich in kleinem Kreis mit einer Frau. Mich interessierte, wie sie in ihrer jetzigen Lage zu Gott stehe. Ob sie ihm traue, auf ihn vertraue. »Ja, aus ganzem Herzen,« antwortete sie nach merklichem Zögern. Ich fragte weiter: Und wie erleben Sie die katholische Kirche, den Papst und die Bischöfe hinsichtlich Ihres Vertrauens in Gott? Da sagte sie: »Sie machen mich unsicher dabei.«

Das ist eine bittere Erfahrung, nicht nur für diese Frau, sondern auch für unsere Kirche. Unsere Kirche, berufen, die Menschen bei ihrer Suche nach Gott solidarisch zu unterstützen, ihr ohnedies so schwaches und zerbrechliches Vertrauen in Gott zu wecken, zu stärken und zu erhalten, wird ganz gegenteilig zu dieser Berufung erlebt. Sie macht die Menschen unsicher, ob sie ihrem Gott noch vertrauen können.

Gewiß, man sagt dann, daß es der Kirche um die ihr von Jesus anvertraute Wahrheit geht. Oft wird dann diese Wahrheit von der Barmherzigkeit abgesetzt. »Dem Papst geht es nicht um Barmherzigkeit oder Unbarmherzigkeit, sondern allein um die Wahrheit«, so hörte ich selbst einen Moraltheologen einer versammelten Schar von betroffenen Frauen und Männern sagen. Gehört denn die Barmherzigkeit nicht gerade zur innersten Wahrheit Gottes? Von der hebräischen Sprache her ist Barmherzigkeit gleich mit dem Schoß einer Mutter. Gott erweist sich als bergende Mutter gerade für jene, die es nicht leicht haben in ihrem Leben: Das ist biblisch verbürgte Wahrheit über Gott. Verkündigen jene, die das verschweigen oder leugnen, wirklich den wahren Gott der Bibel, den Gott Jesu Christi? Betroffenen Frauen und Männern ist – angesichts solcher Verkürzungen der Bibel in der kirchlichen Öffentlichkeit – zu raten, unbarmherzigen Verkündigern zu mißtrauen und zu den tröstenden Quellen der Bibel zurückzukehren. Die folgenden Seiten wollen dabei behilflich sein.

Dabei will ich in einem ersten Schritt ganz knapp zusammenstellen, was wir von Jesus über die Scheidung wissen: was er einerseits über sie gelehrt hat, und wie er andererseits mit Betroffenen umgegangen ist.

In einem zweiten Schritt werde ich zeigen, wie Betroffene, die geschieden wurden (und dann wieder geheiratet haben), sich an den Weisungen der Bibel aufrichten können.

1. Jesus und die Ehescheidung

Die Worte und Taten Jesu sind zu verstehen im Kontext seiner Reich-Gottes-Verkündigung: Im Lebensraum Gottes, in seinem Umkreis kann der Mensch aufatmen (Apg 3,20), das Haupt erheben (Lk 21,28), sich als Mensch nach dem Traum Gottes verwirklichen. In Jesus ist dieser Lebensraum unter den Augen Gottes eröffnet. Wer sich Jesus anschließt, kann Mensch werden.

Wir alle, die Menschen unterwegs, sind zugleich »simul iustus et peccator« (zugleich Gerechtfertigte und Sünder): teilweise schon erfaßt von der befreienden und heilenden Dynamik des Reiches Gottes, teilweise ihr gegenüber (erb)sündig immer noch verschlossen. Keiner ist nur gerecht, keiner nur sündig. Keiner ist ganz eingetreten ins Reich Gottes, keiner aber vielleicht auch nicht ganz von ihm ausgeschlossen, zumindest nicht, solange er, sie in dieser Welt lebt.

Ehe als umfassende Lebensgemeinschaft, in der nach der Vertreibung aus dem Paradies Spuren des Glücks möglich werden können, kann unter den Augen Gottes gelingen. Man kann sich trauen, wenn man Gott traut. Im Umkreis Gottes ist nämlich die tiefsitzende zerstörende Daseinsangst gezähmt, die uns drängt, auf Kosten anderer unser Leben zu sichern (Eugen Drewermann). Jesus läßt sich daher mit den Pharisäern nicht auf eine Diskussion von Scheidungsgründen ein und sagt: Wer sich Gott ganz anvertraut, für den ist Scheidung kein Thema mehr, weil

Gottes ursprüngliche Absicht (vgl. Gen 2,24) zum Zuge kommen kann. Die Herzenshärte, Merkmal der Feinde Gottes (Ex 4,21), aus der heraus die Scheidungsurkunde ausgestellt werden konnte, ist überwunden. Im Reich Gottes wird ein neues Herz (Ez 36,26f.; Jer 31,31–34) gegeben, das nicht mehr hart ist wie Stein, sondern lebendig, erfüllt von Gottes Geist. Wenn es also um das Reich Gottes und die Ehe in ihm geht, redet Jesus kompromißlos vom Traum Gottes am Anfang. Selbst die innere Untreue geißelt er von dieser Perspektive des angekommenen Reiches Gottes aus (Mt 5,28). Was häufig übersehen wird: Bei Jesus geht es nicht in erster Linie um die Wiederheirat nach einer Scheidung, sondern um die Scheidung selbst. In ihr liegt die Schuld, weil der Mensch trennt, was Gott verbunden hat. Dabei ist die Schuld nicht sosehr in der Auflösung der Ehe zu sehen, sondern in der Unfähigkeit bzw. der Verweigerung, gläubig sich jenem Gott anzuvertrauen, in dessen Umkreis freie Treue zwischen zwei Liebenden aus Gottes Kraft und befreiender Gnade möglich ist.

So kompromißlos Jesus in seiner Reich-Gottes-Predigt ist: Mit den konkreten Menschen, die schuldig geworden sind, geht Jesus gütig um. Er weiß, daß sie zwar zum Reich Gottes erst unterwegs sind, aber immer noch ein teilweise verhärtetes Herz haben. Daher bedürfen sie der bedingungslosen Güte des Arztes. So stellt er die Ehebrecherin in die Mitte und verurteilt sie nicht, sondern eröffnet ihr Zukunft (Joh 7,53–8,11).

Bei Jesus wird also eine enorme und unauflösbare Spannung sichtbar. Einerseits steht er kompromißlos zur Absicht Gottes für Mann und Frau und zeigt, wie dieser lebensfreundliche Plan Gottes zu Gunsten der Menschen erfüllt werden kann: unter den Augen Gottes, aus der Kraft seines Geistes. Andererseits handelt er bedingungslos vergebend und gütig an denen, die noch nicht ganz vom Reich-Gottes erfaßt sind, es noch nicht ganz ergriffen haben.

Die frühe Kirche hat Jesus offenkundig so wahr(!)genommen und verstanden. Auch sie steht zur unbedingt vorgetragenen Vision, daß dem Treue lebbar ist, der glaubt (Mt 19). Zugleich aber teilt sie die gütige Praxis Jesu mit den Sünderinnen und Sündern. In der Matthäusgemeinde gibt es deshalb die Unzuchtsklausel (Mt 5,32; 19,9). Paulus kennt die Auflösung einer zweifellos von ihm als bestehend angenommen Ehe zwischen einem Heiden und einem Christen (1 Kor 7).

Offenkundig rechnet also die Kirche in ihrer pastoralen Praxis schon immer damit, daß es im Leben des Christen Situationen gibt, »wo die Kraft der Gottesherrschaft nicht in jenem Maß zum Durchbruch gekommen ist, daß solche Verhärtung des Herzens schon völlig beseitigt wäre«.[38]

2. Wegweiser

Welchen Weg kann nun eine Christin, ein Christ, mit gutem Gewissen gehen, wenn die Scheidung unwiderruflich geschehen ist, die geschiedenen Partner in neuen Lebenshäusern wohnen und dort auch sittlich verpflichtet sind, einem neuen Partnern und auch eventuellen Kindern gegenüber? Folgende Wegweiser können einen gangbaren Weg zeigen.

(a) Suchet zuerst das Reich Gottes

Jesus sagt in der Bergpredigt: »*Euch aber muß es zuerst um sein Reich und seine Gerechtigkeit gehen; dann wird euch alles andere dazugegeben*« *(Mt 6,33)*. Diese Aufforderung Jesu setzt eine Rangfolge, schafft Prioritäten: Sie relativiert, was uns aus unserer irdisch-menschlichen Perspektive so absolut wichtig zu sein scheint: unser Leben,

---

[38] Kirchschläger, W., Ehe und Ehescheidung – Rückfragen an die Bibel, in: Diakonia 19(1988), 305–316, hier 311.

das Gelingen der Ehe, die Gesundheit. Für Jesus gibt es am Ende nur ein Ziel im Leben jedes Menschen: seinen Vater zu erkennen und sich ihm zu übereignen. Suchet zuerst das Reich Gottes, so haben wir aus einer früheren Übersetzung der Bibel im Ohr.

Geschiedene und Wiederverheiratete wird diese Forderung Jesu einerseits herausfordern, andererseits trösten. Die Herausforderung: Wer von uns kann schon sagen, seine Suche nach Gott sei leidenschaftlich genug? Wer betet schon inständig, Tag um Tag, den Sehnsuchtspsalm des Königs David: »Gott, du mein Gott, dich suche ich, meine Seele dürstet nach dir wie dürres und lechzendes Land ohne Wasser . . .?« (Ps 62,1f.) Darauf kommt es auf jeden Fall an: Inmitten einer Scheidungsgeschichte, durch sie hindurch, oder dann, wenn die Stürme sich gelegt haben, sich auf diese Gottsuche zu begeben. Noch mehr: Darauf zu setzen, daß ja gar nicht wir selbst anfangen, Gott zu suchen, sondern daß unser Suchen selbst schon ein sicheres Zeichen dafür ist, daß er uns längst zuvor gefunden hat.

Was das alles praktisch heißt? Hineinhorchen in das eigene Leben. Auch inmitten der Scheidung, in ihr, trotz und auch wegen ihr bleibt die eigene Lebensgeschichte Gottes Geschichte mit mir. Er ist ein unbeirrbar treuer Gott (Dtn 32,6). Er läßt von keiner, von keinem ab. Ein Moment an der Suche nach Gott ist auch im Versagen, auch in der Schuld, sich noch aufgehoben zu wissen in der bergenden Hand Gottes. Es heißt betend zärtlich zu sein mit ihm, aber auch zu hadern und vor ihm zu klagen über Vereinsamung, über den Zweifel am eigenen Selbstwert, über jene Schuldanteile, die zum Scheitern eines Lebensplans geführt haben. Das Reich Gottes suchen bedeutet auch, mit anderen über die eigene Geschichte nachzudenken, anderen aus der persönlichen »kleinen heiligen Schrift« vorzulesen, in der die Leidensgeschichte der Scheidung ein gar nicht belanglos-unwichtiges Kapitel ist. Der Trost: Es ist mit dem Scheitern das Entscheidende am Leben nicht dahin. Die Geschichte Gottes mit mir geht weiter. Er macht seine Treue nicht von unserer zwischenmenschlichen Treue abhängig. Im Gegenteil: Gerade weil wir Sünder sind, ist er uns nahe.

(b) Leben im Frieden

Ein zweiter Wegweiser: Es gibt für viele Lebenssituationen keine perfekte Lösung. Wir sind zwar alle berufen, nach Heiligkeit zu streben, vollkommen zu sein wie unser Vater im Himmel (Mt 5,23). Aber niemand kann auf dieser Welt behaupten, dieses hehre Ziel schon erreicht zu haben. Von dem, was uns Gott als Möglichkeit aufgetan hat, ergreifen wir alle nie das Ganze. Wir bleiben stets – aus Tragik und Schuld, aus Bosheit und Unvermögen – hinter dem zurück, was wir mit Gottes Kraft und Gnade sein könnten. So kommt es auch, daß der Traum einer Ehe platzt wie eine Seifenblase, der Morgen der Liebe keinen Abend kennt. So bitter es ist: Wir vergeuden das Glück, den Frieden, den Gott schenkt. Wir bringen uns dabei selbst in eine prekäre Lage. Wir verlieren das Glück und den Frieden, für die Gott uns geschaffen und berufen hat, zu dem er Mann und Frau einander als der Welt ältester Brautführer zusammenführt. Wer kennt dieses Gefühl im Scheitern nicht? Wer hat noch nicht erahnt, wie sehr wir uns selbst und einander an den Rand des Überlebens bringen? Wie anders wäre es sonst zu verstehen, daß manch eine oder einer sagt, daß er – verlassen – nicht mehr könne oder wolle? Zu viele kennen aus der Not ihrer Scheidung keinen anderen Ausweg mehr als den Selbstmord: physisch oder psychisch kommen Geschiedene um, Männer unbemerkt oft häufiger als Frauen.

Wer in eine solche ausweglose Lage kommt, wer zumindest den Sog in den Untergang verspürt, meint, es sei schwer, weiterzumachen. Die oder den kann aufrichten, was der Apostel Paulus als seelsorgliches Prinzip in Ehefragen formuliert hat. In der Kirchengemeinde Korinth gab es, typisch für missionarische Zeiten, viele heidnische

Ehepartner, die Christen wurden. Oft freilich nicht beide, sondern nur eine oder einer. Christ werden war damals aber noch eine tiefgreifende Veränderung im Denken und im Lebensstil. Dies wirkte sich nicht nur vorteilhaft auf die Ehe mit dem heidnischen Partner aus. Die Frage verdichtete sich, was nun Vorrang hat: Der Frieden in der Gemeinde Christi oder der Unfriede in der alten Ehe? Paulus entscheidet sich für den Schalom. Ein Bruder oder eine Schwester ist an den Ehepartner nicht sklavisch gebunden, wenn der Lebensfrieden in Gefahr ist: »*Denn zu einem Leben in Frieden hat Gott euch berufen*« (1 Kor 7,12c).

Daraus ergibt sich für uns alle, daß wir die Pflicht haben und das Recht, all das zu sein und zu tun, was uns zumindest Spuren des Glücks wieder erhoffen läßt. Die Berufung zu einem Leben in Frieden ist nicht bedingt. Sie gilt in allen Lagen des Lebens, zumal in den schweren und ausweglosen. Das kann im einzelnen bedeuten, aus einer Ehe wegzugehen, wenn sie ein Ort der Zerstörung geworden und nicht mehr zu heilen ist. Es kann notwendig werden, auch um der Kinder willen sich zu trennen. Dies mag nicht selten sogar sittliche Pflicht sein, was unserer Kirche nicht fremd ist, weil sie die »Trennung von Tisch und Bett« durchaus zum Schutz von Eheleuten und ihren Kindern kennt. Das Seelsorgsprinzip vom Leben in Schalom kann fordern, endlich allein leben zu lernen, nicht allzu rasch gleich wieder in eine Beziehung zu flüchten, sondern die Chance zu nützen, selbst-ständig und selbst-mächtig zu werden. Aber nicht zuletzt kann dieses Prinzip ermutigen, einen von der Gemeinschaft nicht angeratenen Weg zu gehen und eine neue geschenkte bergende und belebende Beziehung zumindest standesamtlich öffentlich zu bekunden.

(c) Vorrang des Menschen vor Ordnungen

Bei solchen Entscheidungen zu Gunsten von Spuren des Glücks nach dem Unglück taucht oft die Frage auf, ob es vor Gott verantwortet werden könne, sich zu trennen, scheiden zu lassen oder wiederzuheiraten. Jesu ausdrückliche Weisung steht dagegen, und die kirchliche Gemeinschaft hält diese, weil sie gar nicht anders kann, standhaft in Erinnerung. Wird nicht schuldig, wer dagegen handelt? Muß nicht die Ordnung eingehalten werden? Zählt es nicht mehr, die Ordnungen zu befolgen, statt neuerlich Spuren des Glücks zu finden?

Diese Frage wiegt umso schwerer, als es sich gerade die Empfindsamen nicht leicht machen und mit argen Schuldgefühlen leben. Sie erleben sich dann schuldig, weil sie aus der Ehe weggegangen sind, obwohl sie wissen, daß sie in ihr zugrunde gegangen wären. Und sie erleben sich neuerlich schuldig, wenn sie wieder heiraten, obwohl sie wissen, daß sie ohne neuerliche Heirat untergegangen wären. Ist also die Lage ausweglos? Bleibt nur noch das Leben mit der Schuld, weil man schuldig wird, wenn man die Selbstzerstörung nicht verhindert, und zugleich schuldig wird durch den Weg, der aus der Selbstzerstörung herauszuführen scheint?

Wieder kann die Bibel ins Weite herausführen (Ps 18,20). Sie berichtet uns, wie oftmals Menschen in derart ausweglos-verzwickte Situationen geraten sind, wo über jedem Weg zu stehen scheint: Du wirst schuldig. Jesus selbst ermutigt dann die in die Enge Getriebenen, die Ordnungen einmal auf sich beruhen zu lassen und zuzusehen, daß sie (oder auch nur ihr Esel, der in die Grube fiel) nicht untergehen.

Und damit keine Kleinkrämerei einsetzen kann, hat es Jesus gleich am obersten Gebot, an der Heiligung des Sabbats, demonstriert. Den Juden galt der Sabbat als absolut unantastbar. Keine Arbeit durfte verrichtet werden, so die strengen Ordnungsdenker, die Schritte waren genau bemessen. Und eben an solchen Tagen heilt Jesus Kranke, was auch als gotteslästerlich galt und verboten war. Aber Jesus weiß um einen Gott, der nicht die Ordnungen, sondern die konkreten Menschen liebt. Und wenn einmal der

Mensch und die Ordnung konkurrieren, gibt es für Jesus keine Ordnung, die ihm in Gottes Namen wichtiger wäre als der Mensch. »*Der Sabbat ist für den Menschen da, nicht der Mensch für den Sabbat*« (Mk 2,27).

(d) Die Umwandlung der Mitte

Daß es nach dem Scheitern, dem Versagen, dem Zerbrechen von Lebensplänen wieder Spuren des Glücks gibt: Das kann getrost als Gottes Urabsicht für die Betroffenen ausgegeben werden. Wie aber ist der neue Anfang zu setzen?

Die Bibel rät den Betroffenen, den Neuanfang nicht zu setzen, ohne mit der angehäuften Schuld »ins Reine« gekommen zu sein. Freilich, wir tun uns schwer, die Schuld anzunehmen, sie einzugestehen und damit aufzuarbeiten. Es fällt uns schwer, Vergebung anzunehmen. Zur Schuldgeschichte zu stehen ist besonders dann schwer, wenn denen, die sie eingestehen, die Erfahrung zu Teil wird, daß sie auf Grund ihres Bekenntnisses an den Rand gedrängt, hinausgestoßen werden. Es ist nicht erträglich, ein Leben lang abgestempelt zu sein, als Geschiedene(r) angeschaut und entsprechend behandelt zu werden, überzuvorkommend, falsch oder ablehnend kühl.

Genau so sind die Pharisäer zur Zeit Jesu mit jenen umgegangen, die ihre Ehe gebrochen haben: Sie haben sie ertappt und gesteinigt. Eine solche Frau bringen sie eines Tages vor Jesus, wie Johannes erzählt (Joh 7,53–8,11). Sie möchten sehen, was er tut. Wird er mitmachen, verurteilen und hinausstoßen, töten? »Sie stellten sie in die Mitte«, das heißt an den Pranger. Jesus aber wandelt eben diese Mitte um. Für ihn ist sie in neuer Weise »in der Mitte«. Sie genießt seine volle Zuwendung. Er wirft keinen Stein, er verurteilt nicht. Und ermöglicht ihr damit einen neuen Anfang. Statt sie zu töten, gibt er sie dem Leben zurück. Und dies alles, obwohl das Gesetz die Steinigung verlangt hätte.

Wieder zeigt sich, daß für Jesus das Überleben mehr Gewicht hat als das Einhalten von Ordnungen. Er weiß auch warum: Neuanfang und der Mut dazu wachsen nur, wenn einem Vertrauen in diesen geschenkt wird. Zur Schuld stehen kann, wer deshalb nicht gesteinigt wird. Dann setzt das Eingestehen der Schuld auch Kräfte frei, die sich in neue Lebendigkeit wandeln.

Dahinter steht eine tiefe Wahrheit. Entstammt nicht die Sünde aus der Angst um uns selbst? Fangen wir nicht deshalb an, auf Kosten anderer zu leben? Brechen wir nicht auch deshalb die Ehe, weil wir meinen, in der eigenen zu kurz zu kommen? Der Sünde ein Ende setzen kann daher nicht ein Verbot oder ein strenges Gesetz mit harten Sanktionen, sondern nur zuvorkommende Liebe. Aus Gnade sind wir gerettet: Die Ehebrecherin, der Jesus eine neue Zukunft eröffnet hat, hat diesen Grundsatz christlicher Gnadenlehre wohl gut verstanden. Im Bannkreis der Angst überlebt die Sünde. Allein im Umkreis der Liebe bekommt das Leben eine Chance.

(e) Schuldigwerden

Müssen wir einmal nicht mehr fürchten, wegen unserer Schuld bestraft, diskriminiert, ja gesteinigt zu werden (was auch mit seelischen Steinen passieren kann), dann sind wir auch freier, das ganze Ausmaß unserer Schuld wahrzunehmen.

Geschiedene werden dann frei zu entdecken, daß sie nicht nur am Zerbrechen der Ehe schuldig geworden sind, weil sie es unterlassen haben, das Lebenshaus der Ehe auch für den anderen wohnlich zu erhalten, was den anderen in die Fremde getrieben hat.

Oft wächst auch im Prozeß der Scheidung neue Schuld und verbleibt lange in der Zeit danach. Weil die Scheidung für die Verlassenen auch eine Abstimmung gegen sie ist (»Du warst nicht gut genug!«), kann sich das Gefühl der Minderwertigkeit ausbreiten.

Werden, wenn es um die Zulassung zu den Sakramenten geht, diese Formen der Schuld nicht oftmals heruntergespielt, vernachlässigt, übergangen? Könnte es nicht sein, daß der Mißbrauch von Kindern im Scheidungskrieg mehr schuldig macht als das allmähliche Austrocknen der Ehe? In all diesen Schulderfahrungen trifft uns ein Jesus-Wort sehr hart. Wir lassen es nicht in unser Herz eindringen, weil es ansonsten unser öffentlich-frommes Leben arg verwirren würde. Jesus sagt nämlich:
»*Wenn du deine Opfergabe zum Altar bringst und dir dabei einfällt, daß dein Bruder etwas gegen dich hat, so laß deine Gabe dort vor dem Altar liegen; geh und versöhne dich zuerst mit deinem Bruder, dann komm und opfere deine Gabe*« (Mt 5,23f.).

(f) Vergebung

Oft höre ich Betroffene sagen: Ich kann nicht bereuen, daß ich aus der kaputten Ehe weggegangen bin. Noch weniger kann ich bereuen, nach der Scheidung wieder einen Menschen gefunden zu haben, mit dem ich das Leben bestehen kann und ich viel Frieden gefunden habe. Lebe ich da nicht in ständiger Schuld? Vergibt mir Gott ebenso wenig wie die Kirche, die meint, mir nicht vergeben zu können?
Vergebung meint aber nicht ungeschehen machen. Das Herz christlicher Vergebung ist ganz anders. Lukas schildert uns Gott, der seinem mißratenen Sohn, zum Ärgernis des braven anderen, vergeben hat (Lukas 15). Gott klagt ihn wegen seiner Umwege nicht an. Er nimmt ihn auf, bedingungslos. Trotz seiner Schuld. Und ohne weitere Vorleistung.
Das ist Vergebung, wie Gott sie gewährt. Sie macht es möglich, daß wir uns unter seinen Augen wieder sehen lassen können, vor jeder Leistung und trotz aller Schuld.
Das Gebet einer geschiedenen und wiederverheirateten Frau bringt diese Erfahrung zum Ausdruck:

Kind, daß du nur wieder da bist!

Kind, daß du nur wieder da bist!

Herr, ich habe gesündigt und bin nicht mehr wert, Dein Kind zu heißen.

Ich weiß.

Ich habe eingegangene Verantwortung abgestreift
meine Wärme hat sich in Kälte gewandelt –
ich habe so gefroren!

Ich weiß.

Wenn ich davonliefe, habe ich gedacht,
könnte mir wieder warm werden.
Du bist ja überall.
Du könntest mich wieder wärmen,
wenn ich nur dem Winter entkäme.
Ich dachte, mein Partner würde mich erfrieren lassen,
dabei übersah ich den Eisklumpen
im eigenen Herz.
Er liebt mich nicht – sagte ich –
und liebte ihn nicht.
Ich wollte mein Erbe ausbezahlt haben,
das, was mir an menschlicher Wärme zusteht.
Ich habe aufgehört, Dir zu vertrauen.
Herr, das ist meine Schuld.
Nie wieder werde ich mich schuldlos fühlen vor Dir.
Du aber, Vater, Du hast mich mit offenen Armen empfangen
Du breitest Deine Arme aus.

Kind, daß Du nur wieder da bist!

Du rüstest mir Dein Festmahl,
schmückst mich und kleidest mich neu.
Mein Herz findet Wärme in Deiner Freude.
Endlich friere ich nicht mehr, meine Flucht ist zu Ende.
Aber mein Bruder freut sich nicht über mein Kommen.
Er sieht auf meine Schuld und seine Lauterkeit –
Deine Liebe wird ihm zum Ärgernis.
Vater, ich weiß, daß er im Recht ist –
ich bitte, warte auf sein Verständnis.
Ich leide unter seiner Gerechtigkeit.
Du aber liebst mich und führst mich zum Festmahl,
Du selbst hast meine Lumpen verbrannt und mir festliche
Kleider gebracht.
Du taust mich auf in Wärme und Freude.

Kind, daß Du nur wieder da bist!
Bleibe in meiner Liebe.

(g) Kirche als Ort der Vergebung

Gott vergibt Dir – und man denkt glaubensschwach ein
»vielleicht« hinzu –, aber die Kirche kann Dir nicht vergeben. So nehmen viele Betroffene die katholische Kirche
wahr und leiden darunter schwer. Der Titel eines Wild-
westfilms kommt einem leicht in den Sinn: »Gott vergibt,
Django aber nie!«
Die katholische Kirche hat – anders als beispielsweise die
Ostkirche – vergessen, daß sie die Vollmacht (eines Haus-
vaters: die Oikonomia) hat, zu binden und zu lösen. Manche Ostkirchen kennen daher die öffentliche Scheidungs-
feststellung, verordnen dann eine mehrjährige Bußzeit
und lassen dann Mitglieder ihrer Kirche zu einer »zweiten
Krönung« zu.
So weit wird die katholische Kirche in absehbarer Zeit
nicht gehen. Aber könnten wir nicht wenigstens jene lösen, die in verantwortlicher Entscheidung »ihren« einmaligen Weg gewählt haben und ihn nunmehr inmitten der

Kirche einsam und ohne Unterstützung durch die Gemeinschaft gehen müssen?

»Was du auf Erden lösen wirst, das wird auch im Himmel gelöst sein« (Mt 16,19): Gibt es Schuld, von der ein Mensch nicht losgemacht werden kann? Ganz bitter erzählt in unseren Interviews ein Mann, daß Mördern vergeben wird. Wer aber in der Ehe verunglückt, wer sie vielleicht sogar umgebracht hat, aus Tragik und Schuld, dem wird nicht vergeben, zumal dann nicht, wenn er als Überlebensausweg eine neue Gemeinschaft begründet und öffentlich kundgetan hat.

Freilich, die Vollmacht zu lösen gehört nicht nur dem Petrus und seinen Nachfolgern. Jesus hat diese Lösungskompetenz auch der Gemeinde Christi übertragen: »*Amen, ich sage euch: Alles, was ihr auf Erden binden werdet, das wird auch im Himmel gebunden sein, und alles, was ihr auf Erden lösen werdet, das wird auch im Himmel gelöst sein*« (Mt 18,18).

Diese Vollmacht, allen Christengemeinden gegeben, ist ein wahres Trost- und Hoffnungswort für viele Betroffene. Und immer mehr Christengemeinden üben diese Vollmacht auch aus, nicht selten die Pfarrer mit ihnen zusammen. Sie nehmen nämlich Geschiedene und Wiederverheiratete ohne Diskriminierung auf. Dabei geht es keineswegs nur um die Zulassung zu den Sakramenten, obgleich nicht wenige Gemeinden ihre Vollmacht auch darauf beziehen, zum Sakrament der Buße und dann zur Eucharistie zuzulassen. Die Kultur des »Lösens« prägt auch den Alltag der Gemeinde. Geschiedene finden sich dann in Basisgruppen, in Runden und Kreisen, können dort auch führend Verantwortung übernehmen. Sie werden in den Pfarrgemeinderat gewählt und von liturgischen Diensten nicht ausgeschlossen. Es ist eben vergeben, ohne Wenn und Aber: In Gottes Art.

(h) Die Starken und die Schwachen

In der heidnischen Religion zur Zeit der jungen Christengemeinden war es Brauch, Göttern Fleisch als Opfer darzubringen. Solches Fleisch durfte dann von den Menschen nicht mehr gegessen werden, wollte er sich nicht versündigen. Wer Christ wurde, hat sich aber von diesen Göttern abgewendet. Für ihn hörten sie auf zu existieren, mit der Folge, daß auch geopfertes Fleisch nichts anderes mehr war als gewöhnliches Fleisch. Viele Christen aßen es also. Daneben gab es aber schon damals die Ängstlichen, bei denen unter der christlichen Oberfläche das heidnische Grundwasser erhalten blieb. Diese nahmen Anstoß an den »Starken«, die einfach solches Fleisch aßen.

Aufregend, wie Paulus auf diese Spannung reagiert. Zwar ist auch er aufgeklärt. Er weiß, daß die Götter Nichtse sind, und daher auch geopfertes Fleisch nicht anders ist als gewöhnliches Fleisch. Und dennoch nimmt er auf die Ängstlichen Rücksicht. Nicht weil sie Recht haben, sondern weil sie eben ängstlich sind. Deshalb rät er den Starken, Rücksicht zu nehmen auf die Schwachen und kein Ärgernis zugeben (vgl. 1 Kor 8).

Kein Ärgernis sollen auch jene Geschiedenen und Wiederverheirateten geben, die »stark sind« und zu ihren eigenwilligen Wegen stehen können. Aber sind es die Betroffenen, die stark sind und deshalb kein Ärgernis geben sollen? Sind nicht sie vielmehr jene, die der Stärkung bedürfen?

(i) Geschiedene, ein Charisma?

Auf dem Boden der biblischen Erfahrungen wächst schließlich eine überraschende Wertschätzung für Geschiedene und Wiederverheiratete in der Kirche. In vielen Gesprächen habe ich gelernt, daß diese Frauen und Männer für die Kirche keineswegs nur ein Problem sind, das man lösen müsse. Mir ist die Einsicht geschenkt worden, daß ich von diesem Personenkreis sehr viel gelernt habe.

Das ist die entscheidende Botschaft, die wir von ihnen in der Kirche zu vernehmen haben: Du kannst vor Gott bestehen vor jeder Leistung und trotz aller Schuld. Diese Botschaft kann man nur schwer verstehen, wenn man erfolgreich ist und meint, vor Gott ganz gut dazustehen. Er kann stolz sein auf uns. Was aber, wenn einem nichts mehr in den Händen ist als Leere, als Versagen, als Schuld?

Aus der Kraft der Gnade und des Glaubens sind viele Frauen und Männer trotz und durch Scheidung und Wiederverheiratung gewachsen. Sie sind menschlich reicher geworden. Aber auch an Gnade vor Gott. Er hat sie reich beschenkt: Und das nicht nur um ihretwillen, sondern auch um unsertwillen. Wir können von ihnen lernen, daß am Ende vor Gott keine Leistung zählt, sondern nur seine Gnade. Und daß keine Schuld vor Gott das letzte Wort ist. Das letzte Wort hat immer seine unberechenbare Liebe.

»Es gibt verschiedene Gnadengaben . . .« (1 Kor 12,4): die im Leiden erprobten Geschiedenen und Wiederverheirateten zählen dazu.

VIII. Betroffene gestalten Geschiedenen-pastoral

Von Irene Heise und Inge Moser

1. Was Betroffene wünschen

(a) Gemeindevision

Christsein heißt für mich Gemeinschaft leben. Kinder und Jugendliche sind darin geborgen, erfahren ein anderes Menschenbild, andere Werte und ein anderes Gottesbeziehung. Die Erwachsenen stärken sich gegenseitig in Gebetsgruppen, in denen der Familienstand unwichtig ist. Wichtig ist die Suche und Sehnsucht nach der Nachfolge. Die gemeinsame Meßfeier ist keine Pflicht, sondern freudiges Erfahren der Glaubensgemeinschaft.

Diese Runden können berstende Ehen nicht kitten, aber beiden Teilen Halt geben, Vertrauen auf Gottes Hilfe gerade in menschlichem Unvermögen erfahrbar werden lassen. Geschiedene sind auch ohne Partner keine »halben Portionen«, der Wert des Menschen wird nicht am Partner gemessen. Auch der Alleinstehende erfährt Rückhalt in der Isolierung, kann Unsicherheiten ausräumen. Wenn er einen neuen Partner findet, wird auch der angenommen und zum Hineinwachsen in die Runde ermutigt.

In der Gruppe ist Verzeihung, Arbeit an menschlichen Problemen möglich, weil nicht das eigene Vermögen im Mittelpunkt steht, sondern auch das Vertrauen in die Führung Gottes gelebt wird. Die Gruppe fördert das Verantwortungsbewußtsein und die Einsatzfreude, stärkt aber durch die Annahme jedes einzelnen auch sein Selbstbewußtsein und sein Selbstwertgefühl. Das eröffnet gerade Geschiedenen wieder neue Beziehungsmöglichkeiten.

Da wird die Frage, ob Zulassung zu den Sakramenten erlaubt ist oder nicht, unbedeutend, weil das volle Leben geteilt wird – in Schwiergkeiten und Schwächen, aber auch in Feiern und Festen. Hier Kommunion auszuklammern, wäre – wie Lanza del Vasto – »Beleidigung des Lebens«. Ein Traum?

(b) Persönliche Vorstellungen und religiöse Erfahrung[39]

Noch bevor man nähere Gedanken über den Umgang mit Wiederverheirateten anstellt, sollte man sich wohl überlegen, ob man nicht Möglichkeiten schaffen sollte, kirchliche Trauungen, denen ganz offensichtlich falsche oder unzureichende Motive zugrunde liegen, von vornherein zu verhindern! Wenn der Seelsorger im Rahmen eines sorgfältigen Brautunterrichtes erkennt, daß ein Scheitern der Ehe vorauszusehen ist, sollte er die Trauung verweigern können. Dieser Vorgang könnte, falls es im Interesse der Brautleute liegt, vor dem zuständigen Diözesangericht unter Beiziehung von Psychologen nochmals geprüft werden, woran sich in manchen Fällen eine gezielt seelsorgliche und psychologische Betreuung knüpfen könnte, um die aus der Kindheit resultierenden Gefühlsdefizite, die häufig zu übereilten Eheschließungen führen, aufzuarbeiten zu helfen. Das böte den Betreffenden die Chance, menschlich nachzureifen und für eine Ehe fähig zu werden.

Im Zuge des späteren Annullierungsverfahrens trifft nämlich den Gescheiterten die volle Härte des Gesetzes. Eine sorgfältige psychologische Bearbeitung des individuellen Falles fehlt, die Wertigkeiten werden verschoben und spezifische Probleme oft falsch interpretiert. Existenzprobleme werden nicht berücksichtigt, das Problem des Kinderwunsches völlig einseitig von der gescheiterten Partnerschaft her beurteilt. Die Zeugenfrage müßte neu bedacht und von unvorhergesehenen telefonischen Befra-

[39] Dieser Text stammt von Irene Heise.

gungen abgesehen werden. Eine unbedingt nötige Beiziehung von Psychologen würde es auch ermöglichen, daß
der körperlich und seelisch labile Zustand der Betroffenen
einkalkuliert und berücksichtigt wird.

Ginge man mehr von der Psyche des einzelnen, seinem
ganz persönlichen Schicksal und weniger von starren Formulierungen der Kirchengesetze aus, würden die kirchenrechtlichen Verfahren erheblich an unpersönlicher Ge-
setzesstrenge einbüßen und sich mehr in die Richtung be-
wegen, die der Herr in seiner Kirche ja eigentlich gewollt
hat: in jene der geschwisterlichen Liebe!

Barmherzige Liebe könnte sich auch darin äußern, daß diözesane Einrichtungen geschaffen würden, die die Geschiedenen gleich nach Vollzug der Trennung vom Partner
auffangen und ihnen von Anfang an in seelsorglicher, psy-
chologischer, aber auch rein materieller Hinsicht beistehen und dazu beitragen könnten, in jeder Situation die op-
timale Lösung zu finden und gegebenenfalls auch eine
Weiterbeschäftigung kirchlicher Angestellter zu ermöglichen. Das Gespräch mit einem einzelnen Seelsorger im
pfarrlichen Rahmen kann diese Aufgaben ja nie erfüllen;
auch bleibt, fehlt der offizielle Charakter, der Konflikt mit
der Gesamtkirche immer bestehen. Im Falle kirchlicher
Angestellter hilft eine Mitarbeit in der Pfarre allein nicht
weiter, da man meistens in der Lage ist, durch den Beruf
auch Geld verdienen zu müssen, um existieren zu können.
Überdies mangelt es den meisten Seelsorgern an den nötigen psychologischen Kenntnissen. Eine diözesane Einrichtung, die in engem Zusammenwirken von Seelsorgern,
Psychologen und Sozialarbeitern alle Probleme des Geschiedenen auffängt, mitträgt und lösen hilft, würde der
Liebe Christi am besten entsprechen und dazu beitragen,
panikartigen Reaktionen und weiteren Fehlentscheidun-
gen in vielen Fällen vorzubeugen!

Es müßte darüberhinaus auch die Rolle des Partners sorg-
fältig bedacht werden, der vielleicht selbst in der Lage
wäre, kirchlich zu heiraten. Wird die von Jesus ge-

wünschte, ja im zweiten Hauptgebot geforderte Nächstenliebe nicht mit den Füßen getreten, wenn dem gescheiterten, oft seelisch und körperlich schwer geschädigten Menschen nach allem erfahrenen Leid noch dazu das vorenthalten wird, was er zu seiner Heilung so dringend benötigt: die liebevolle, zärtliche Zuwendung durch einen ihn ganz individuell bejahenden Menschen, der die individuelle liebende Zuwendung des Herrn selbst wieder konkret erfahrbar macht, und die in den meisten Fällen auch den Ausdruck des leiblichen Einswerdens braucht? Wird hier der Heilswille Gottes nicht drastisch geringgeschätzt und einer kleinmütigen, kurzsichtigen und auch exegetisch wie pastoralgeschichtlich keineswegs zwingenden Auslegung einzelner Jesuworte geopfert?

Dank der Gnade Gottes, die mich nie verlassen hat, konnte ich durch alle Wirren hindurch am Gebet festhalten und der Kirche als geheimnisvollem Leib Christi die Treue bewahren. Ich fühle mich in der alles verstehenden und vergebenden Liebe Gottes geborgen und vom Heiligen Geist geleitet. Weiß doch der Herr besser als ich selbst um alle Umstände, die mich in meine Situation getrieben haben! Ich habe stets alle meine Schwächen, aber auch alle meine tatsächlichen Verfehlungen ins Gebet hineingenommen und am täglichen Gespräch mit dem Herrn auch in jenen dunklen Zeiten festgehalten, als ich dabei keinerlei Trost erfuhr. Der Empfang der Sakramente der Buße und der Kommunion bildete stets einen unverzichtbaren und wesentlichen Bestandteil in meinem Leben. Dabei versuchte ich immer wieder auf mein Gewissen zu hören und gewann dabei die Überzeugung, daß der Herr selbst es ist, der im allerheiligsten Sakrament zu mir kommen *will.* Mein Sehnen nach dem Empfang des heiligen Brotes ist ständig gestiegen und nimmt heute einen zentralen Platz in meinem Leben ein.

Anläßlich einer Maria-Namen-Feier in der Wiener Stadthalle verspürte ich auf einmal mit großer Intensität das

Ungeheuerliche an der Praxis, getauften gestrauchelten Christen den Empfang des wunderbarsten aller Sakramente vorzuenthalten. Ich fühlte sehr deutlich, daß es sich hier um einen Bereich zwischen Christus und dem einzelnen handelt, in den niemand sich das Recht anmaßen darf, einzudringen. Die Ehrfurcht vor der Würde des Individuums, die der Herr selbst so überzeugend vorgelebt hat, gleichsam wie die einzigartige »persönliche Note« dieses Sakramentes gipfeln in dem Wort Jesu »Wenn ihr mein Fleisch nicht eßt und mein Blut nicht trinkt, habt ihr das Leben nicht in euch!« Darf mir das kirchliche Amt das Leben vorenthalten?!

Und befände sich der eine oder andere auch im Zustand der Verstrickung in Schuld und Sünde – wer vermag mit Sicherheit darüber zu urteilen, daß Jesus ihn nicht auf dem Wege des Kommunionempfanges heilen möchte? Ist nicht der dringende Wunsch des Sünders nach einem Empfang des heiligen Brotes als der »Speise der Kranken« an sich schon Gnade? Wer wüßte einen wunderbareren Weg der Zuwendung des Herrn als diesen?

Trotz dieser meiner Überzeugungen ist mir bewußt, nicht bedenkenlos dabei verharren zu dürfen. Ich fühle mich verpflichtet, weiterhin in Gebet und Meditation auf den Herrn zu hören und trachte nach allen Kräften, für den heiligen Willen Gottes immer sensibler zu werden. Ich bin bereit, meine Einstellungen da und dort zu korrigieren, wenn mich der Geist Gottes dazu bewegt.

Ebenso weiß ich mich verpflichtet zu verzeihender Nächstenliebe auch jenen gegenüber, deren Verständnislosigkeit und Ignoranz mir soviel Leid verursacht haben. Hier habe ich freilich schon einen langen Weg hinter mir und versuche durch ein Bemühen um herzliches Verstehen jener Amtsträger, die durch für mich schmerzliche Vorgangsweisen dem Evangelium mehr zu entsprechen glauben, die Liebe Christi aufleuchten zu lassen und – so unbescheiden es klingen mag – ein wenig zum Nachdenken anzuregen.

2. *Was Betroffene tun*

Aufruf der Plattform
für Geschiedene und Wiederverheiratete in der Kirche
»WIE-GE«

Viele Menschen, die nach einer gescheiterten Ehe ein zweites Mal verheiratet sind, leben heute unter uns und ihre Zahl wird immer größer. Bei etwa 25% der Eheschließungen in Österreich ist mindestens ein Partner geschieden. Für Katholiken ist diese zweite Verbindung nach dem Kirchenrecht keine gültige Ehe. Daher kommt für sie eine kirchliche Trauung nicht mehr in Frage.
Viele von ihnen sind gläubige Menschen, fühlen sich aber als Katholiken zweiter Klasse, oft sogar von der Kirche ausgestoßen und zutiefst verletzt. Sogar Menschen, die nur geschieden und nicht wiederverheiratet sind, glauben – völlig unbegründet – daß sie jetzt keine vollwertigen Glieder der Kirche seien. Ungeschickte Äußerungen von kirchlichen Amtsträgern oder Unsicherheiten im Verhalten vieler Gemeinden verstärken noch diese Vorurteile. Die offizielle Kirche unternimmt zu wenig, um diese Menschen in der Kirche zuhalten. Ihre Distanzierung von den kirchlichen Gemeinschaften wird immer mehr zu einem Ärgernis.
Daher haben einige betroffene Ehepaare gemeinsam mit Seelsorgern die »Plattform für Geschiedene und Wiederverheiratete in der Kirche (WIE-GE)« gegründet.
»Wir katholischen Christen in der Plattform richten unseren Aufruf an alle, die in der katholischen Kirche der Erzdiözese Wien Verantwortung tragen bzw. in ihr leben.
– Wir gehören zur Kirche, weil wir getauft sind und wollen nicht als Christen zweiter Klasse betrachtet werden.
– Wir haben durch unser Scheitern auch einen neuen Zugang zum Glauben gefunden.
– Wir haben einen neuen Anfang für unser Leben gewagt und bemühen uns, unsere zweite Ehe im Geist Christi zu

gestalten, unsere Kinder im Glauben zu erziehen und uns mit Gott zu versöhnen.

– Wir wollen am Leben der kirchlichen Gemeinden teilnehmen, weil wir – wie alle anderen Menschen auch – den Beistand und die Stützung einer gläubigen Gemeinde brauchen, und weil auch unsere Kinder in der Kirche leben sollen.

– Wir wollen nicht, daß durch unsere Existenz das Ideal der unauflöslichen Ehe verwässert wird. Es geht uns daher nicht um den Streit über Formulierungen des Kirchenrechts.

– Wir wünschen uns geschwisterliche Gemeinden, in welchen auch Menschen mit Fehlern, mit objektiven oder subjektiven Unzulänglichkeiten – kurz Sünder – Platz finden können.

– Wir verweisen auf die Ermahnung von Papst Johannes Paul II. an die Hirten und die Gemeinschaften der Gläubigen, den Geschiedenen in fürsorglicher Liebe beizustehen, damit sie sich nicht als von der Kirche getrennt betrachten . . . (FC, Nr.84).

– Wir wenden uns auch an alle, die nur getrennt oder geschieden und nicht wiederverheiratet sind: Laßt Euch nicht beirren, wenn man Euch wegen Eurer Lebenssituation abwerten will. Entgegen einer weitverbreiteten Meinung bleibt ein Katholik auch nach der Scheidung vollwertiges Mitglied der Kirche und ist weder vom Sakramentenempfang ausgeschlossen noch in einem anderen kirchlichen Recht benachteiligt.

– Wir laden alle Betroffenen: Geschiedene, Wiederverheiratete, mit einem geschiedenen Partner Verheiratete, die bereits aktiv in der Kirche leben oder dies wünschen, ein, sich unserer Plattform anzuschließen. Wir suchen auch Kontakt mit allen gleichartigen Initiativgruppen, die schon bestehen oder sich noch bilden werden.

– Wir treffen uns (ab September) an jedem ersten Dienstag im Monat um 19 Uhr im Bildungshaus Lainz, 1130 Wien, Lainzer Straße 138.

Was die Plattform will:
– Bewußtseinsbildung in der Kirche und in der Öffentlichkeit.
– Informations- und Erfahrungsaustausch über positive und negative Erfahrungen mit kirchlichen Gemeinden und Einrichtungen.
– Hilfe zur Selbsthilfe bei einschlägigen Problemen.
– Studium der Fragen zur Stellung der wiederverheirateten Geschiedenen in der Kirche vor allem im Hinblick auf die Zulassung zu Patenamt und Sakramentenempfang.
– Beobachtung, Studium und Dokumentation des einschlägigen Schrifttums.«

IX. Vor Gott treten

Gebete für Betroffene

1. Gebet um den Frieden

Herr, mach mich zu einem Werkzeug deines Friedens,
daß ich liebe, wo man haßt;
daß ich verzeihe, wo man beleidigt;
daß ich verbinde, wo Streit ist;
daß ich die Wahrheit sage, wo Irrtum ist;
daß ich Glauben bringe, wo Zweifel droht;
daß ich Hoffnung wecke, wo Verzweiflung quält;
daß ich Licht entzünde, wo Finsternis regiert;
daß ich Freude bringe, wo der Kummer wohnt.
Herr, laß mich trachten,
nicht, daß ich getröstet werde, sondern daß ich tröste;
nicht, daß ich verstanden werde, sondern daß ich verstehe;
nicht, daß ich geliebt werde, sondern daß ich liebe.
Denn wer sich hingibt, der empfängt;
wer sich selbst vergißt, der findet;
wer verzeiht, dem wird verziehen;
und wer stirbt, der erwacht zum ewigen Leben.[40]

2. Ergebenheit

Dein bin ich, dir geboren –
Was wünschst du, Herr, von mir?
Gib, wenn du willst, Gebetes Kraft,
wenn nicht, gib Trockenheit;

---

[40] Gotteslob Seite 71 Nr.6.

gib Frömmigkeit, die Andacht schafft,
wenn nicht, Vergeblichkeit.
O Majestät, in dir allein
kann mir auf Erden Frieden sein:
Dein bin ich, Dir erkoren –
Was wünschst du, Herr, von mir?
Nichtwissen oder Weisheit schenk
um deiner Liebe willen.
Im Überfluß ich dein gedenk,
im Hunger, nicht zu stillen.
Schick Finsternis, schick helles Licht,
wenn nur dein Wille in mir spricht!
Dein bin ich, dir geboren –
Was wünschst du, Herr, von mir?
(Therese von Avila)

3. Nach Gott suchen

Gott spricht:
O Seele, suche dich in mir,
und, Seele, suche mich in dir.
Die Liebe hat in meinem Wesen
dich abgebildet treu und klar;
kein Maler läßt so wunderbar,
o Seele, deine Züge lesen.
Hat doch die Liebe dich erkoren
als meines Herzens schönste Zier:
Bist du verirrt, bist du verloren,
o Seele, suche dich in mir.
In meines Herzens Tiefe trage
ich dein Porträt, so echt gemalt;
sähst du, wie es vor Leben strahlt,
verstummte jede bange Frage.
Und wenn dein Sehnen mich nicht findet,
dann such nicht dort und such nicht hier:
gedenk, was dich im Tiefsten bindet,

und, Seele, suche mich in dir.
Du bist mein Haus und meine Bleibe,
bist meine Heimat für und für:
Ich klopfe stets an deine Tür,
daß dich kein Trachten von mir treibe.
Und meinst du, ich sei fern von hier,
dann ruf mich, und du wirst erfassen,
daß ich dich keinen Schritt verlassen:
und, Seele, suche mich in dir.
(Therese von Avila)

4. Die Sünderin und Jesus

Und er kam in das Haus eines Pharisäers
und er saß mit ihm zu Tisch,
als eine Frau über seinen Füßen weinte.
Als sie sah, daß seine Füße von ihren Tränen naß waren,
trocknete sie sie mit ihren Haaren.
Mit dem duftenden Öl, das sie gebrauchte,
um für ihre Freier anziehend zu sein,
salbte sie seine Füße.
Und hörte nicht auf, zu weinen.
Und der Pharisäer fragte ihn:
Weißt du nicht, was für eine das ist?
Sie hat ihre Ehe gebrochen
und die vieler anderer!
Und Jesus sagte zu ihm:
Wer wird seinen Gläubiger mehr lieben,
der, dem viel Schuld erlassen wurde,
oder der, der nur wenig schuldig war?
Der Pharisäer kann nicht verstehen –
und die Frau weint –
und das Haus wird vom Duft des Öles erfüllt.
Wieviel muß ihr vergeben worden sein,
daß sie so große Liebe zeigt!
Welche Kraft und Verantwortung liegt in dieser

verschenkten Vergebung . . .
Rabbuni!

5. Dankgebet

Ein Dank dem Herrn für seine Gnade.
Ich möchte sie nicht missen, jene dunklen Jahre, in denen
ich dich, Herr, in so wunderbarer Weise erfuhr.

Ich liebe dich, o Herr!

In Tagen seelischen und körperlichen Leides hast du mich
gelehrt, dich mit Leib und Seele zu lieben. Du hast mich
die Erfüllung meines leidenschaftlichen Sehnens nach
Frieden und Geborgenheit in dir finden lassen.

Ich liebe dich, o Herr!

Ich liebe dich, Gott Vater, der du deinen heiligsten Willen
an mir und durch mich verwirklichen wollest. Dein Wille
geschehe! Laß mich für deinen Willen immer sensibler
werden, auf daß du durch mein Inneres scheinen mögest
wie durch klares Glas.

Ich liebe dich, Gott Sohn, Jesus Christus. Laß mich immer
mehr begreifen, daß jede Vereinigung mit dir im heiligen
Brot Vereinigung mit dem Kreuz bedeutet. Lehre mich, es
anzunehmen, ja zu lieben! Vergib, o Herr, daß mir ein Verzicht auf den Empfang dieses allerheiligsten Sakramentes
unerträglich erscheint. Solltest du diese Entsagung dennoch fordern, gib mir die Kraft, sie zu ertragen. Jedoch ver-
meine ich zu empfinden, daß du auf diese wunderbarste
aller Weisen zu mir kommen WILLST!

Ich liebe dich, Gott Heiliger Geist, der du mich nach dem
Willen des Vaters formst und bildest. Ich danke dir, daß du

mich in Verzweiflung und Ratlosigkeit die Hingabe an dich gelehrt hast. Ich bitte dich, Vervollkommne meine Hingabe!

Vor dir, o Gott, habe ich gesündigt, dich habe ich beleidigt. Ich bin es nicht wert, deine Tochter zu heißen. Ich danke dir, daß ich meinen Frieden darin finden darf, deine und der Kirche Dienerin zu sein.

Ich liebe dich, o Herr!

Laß mich dich mehr lieben!

(N.N.)

ANSTÖSSE

Orientierungs- und Entscheidungshilfen
für den Christen in der Welt von heute

Eine Auswahl:

Hans Urs von Balthasar
Wenn ihr nicht werdet wie dieses Kind

Bernhard Hanssler
Glaubensleben. Eine Einladung

Johannes Paul II.
Das Vaterunser

Walter Kasper
Mit Euch Christ – für Euch Bischof

Georg Moser
Vertrauen ins Leben

Josef Pieper
Kleines Lesebuch
von den Tugenden des menschlichen Herzens

Heinrich Spaemann
Macht und Überwindung des Bösen
aus biblischer Sicht

Josef Sudbrack
Die Wahrheit der Sakramente

SCHWABENVERLAG